Wohlfühl KÜCHE

MIT HEIMISCHEN SUPERFOODS

Wohlfühl KÜCHE

MIT HEIMISCHEN SUPERFOODS

STEFANIE HIEKMANN

60 REZEPTE
REGIONAL &
SAISONAL

EMF

EIN BUCH DER
EDITION MICHAEL FISCHER

INHALT

GRUNDLAGEN 8

REZEPTE 26

FRÜHLING 31

SOMMER 67

HERBST 103

WINTER 137

VORWORT

Spargel und Erdbeeren im Frühling. Tomaten und Zucchini im Sommer. Kürbis und Rotkohl im Herbst. Grünkohl und Rote Bete im Winter. Durch das ganze Jahr hindurch werden wir mit vielfältigem und buntem Gemüse versorgt. Ein Leichtes also, immer das zu essen, was gerade auch Saison hat! Dieses Buch versammelt 60 Rezepte für alle Jahreszeiten, die sich vor allem der jeweils saisonalen Ernte bedienen. Auch mit dabei: Gewürze aus aller Welt, feine Aromen von Ingwer, Chili, Kokos und andere Zutaten aus dem europäischen und internationalen Ausland. Die heimische Ernte bildet den roten Faden, schließt andere, international angebaute Zutaten dabei aber nicht aus. Gespickt mit vielen weiteren leckeren Zutaten, wie Körnern, Nüssen und frischen Kräutern entstehen leckere und aromenreiche Gerichte, die der Seele schmeicheln, und uns ganz nebenbei mit wichtigen Nährstoffen versorgen – Wohlfühlküche eben! Vegetarische und vegane Ideen sind genauso enthalten wie Rezepte mit Fleisch und Fisch. Dabei gibt es immer wieder Ideen zum Variieren: Wer ein Rezept abwandeln und neu kombinieren möchte – kein Problem! Fester Bestandteil eines jeden der vier Wohlfühlkapitel: Ein Burger der Saison. Denn selbst gemacht lassen sich allerhand feine Kombinationen kreieren, die das bunt belegte Brötchen zum Jahreszeiten-Liebling avancieren lassen!

Die Idee zu diesem Buch hat sich übrigens bei schönen und inspirierenden Besuchen auf dem Wochenmarkt und beim anschließenden Kochen mit all den farbenfrohen Ernteschätzen entwickelt: Denn nicht nur im Frühling oder Sommer erwarten uns leckerste Zutaten zum Experimentieren in der Küche. Auch in der kalten Jahreszeit dürfen wir auf allerhand feine und heimische Ernteklassiker zurückgreifen, die uns zum Kochen inspirieren. Also: Einfach mal wieder den Blick auf das richten, was gerade Saison hat und was uns direkt vor der Haustür zur Verfügung steht!

Regionalität – längst eines von vielen Trendthemen rund um die gesunde Ernährung. Ebenso Superfoods. Auch dieses Thema wird aufgegriffen: Was sind heimische Superfoods? Was sagen Experten zu diesem Trendbegriff, und wie können wir unsere Ernährung positiv mit diesen Lebensmitteln beeinflussen? In Interviews mit Ernährungswissenschaftlern habe ich spannende Antworten zu diesen Fragen erhalten, die ich in einem eigenen kleinen Kapitel zusammengefasst habe: Wie Ernteklassiker neu entdeckt werden.

Und noch ein Blick über den Tellerrand der klassischen Kochbuch-Küche: Mit Drei-Sterne-Koch Thomas Bühner aus dem „la vie" in Osnabrück habe ich über die Bedeutung von Gemüse in der Spitzengastronomie gesprochen. Wird dort auch nur mit Wasser gekocht? Tatsächlich nicht (nur)! Wie wir von den Profis für die Alltagsküche lernen können, verrät der Spitzenkoch im Interview.

Nun wünsche ich viele leckere Inspirationen beim Schmökern durch das Buch und anschließend viel Freude und guten Hunger beim Ausprobieren der Rezepte – lasst es euch schmecken!

Stefanie Hiekmann

GRUNDLAGEN

Frühling

MÄRZ, APRIL, MAI

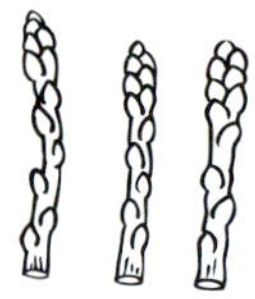

* Bärlauch
* Bundmöhren
* Champignons
* Erdbeeren (ab Mai)
* Frühwirsing (ab Mai)
* Frühlingsspinat
* Lauchzwiebeln
* Kohlrabi
* Frühlingskräuter
* Kresse
* Mairübchen
* Mangold
* Pflücksalate
* Porree
* Portulak
* Radieschen
* Rhabarber
* Rote Bete, jung (gern mit Blättern!)
* Rucolasalat
* Spargel, weiß
* Spargel, grün
* Spitzkohl (ab Mai)

Wann haben welche Obst- und Gemüsesorten Saison? Ein Überblick mit Schwerpunkt auf die heimische Ernte

SAISON

Herbst

SEPTEMBER, OKTOBER, NOVEMBER

* Äpfel
* Birnen
* Blumenkohl
* Champignons
* Chinakohl
* Fenchel
* Haselnüsse
* Kartoffeln
* Knollensellerie
* Kohlrabi
* Kürbis
* Mangold
* Möhren
* Paprikaschoten (bis Oktober)
* Pflaumen
* Pflücksalate
* Pilze
* Porree
* Portulak
* Quitten
* Radieschen
* Rosenkohl
* Rote Bete/Gelbe Bete
* Rotkohl
* Rettich
* Schwarzwurzeln
* Stangenbohnen
* Stangensellerie
* Steckrüben
* Süßkartoffeln
* Topinambur
* Walnüsse
* Weißkohl
* Weintrauben
* Wirsing
* Zwetschgen
* Zwiebeln

Sommer

JUNI, JULI, AUGUST

- Auberginen
- Blaubeeren
- Blumenkohl
- Brokkoli
- Brombeeren
- Bundmöhren
- Champignons
- Chinakohl
- Dicke Bohnen
- Erbsen
- Erdbeeren
- Fenchel
- Frühkartoffeln
- Gurken
- Himbeeren
- Mangold
- Kirschen
- Knoblauch
- Kohlrabi
- Sommerkräuter
- Mais
- Möhren
- Paprikaschoten
- Pflücksalate
- Porree
- Portulak
- Radieschen
- Rettich
- Rote Bete, jung (gern mit Blättern!)
- Rucolasalat
- Spitzkohl
- Stangenbohnen
- Stangensellerie
- Tomaten
- Zucchini
- Wirsing
- Zuckerschoten

KALENDER

Winter

DEZEMBER, JANUAR, FEBRUAR

- Äpfel
- Champignons
- Chicorée
- Chinakohl
- Feldsalat
- Grünkohl
- Kartoffeln
- Knollensellerie
- Kürbis
- Maronen
- Möhren
- Pastinaken
- Petersilienwurzeln
- Pilze
- Porree
- Rosenkohl
- Rote Bete/Gelbe Bete
- Rotkohl
- Rettich
- Schwarzwurzeln
- Steckrüben
- Topinambur
- Walnüsse
- Weißkohl
- Winterspinat
- Wirsing

Ein kleiner Streifzug durch den Küchengarten

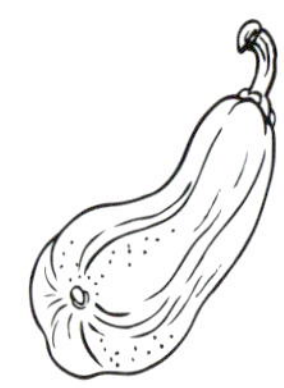

Der Saisonkalender zeigt es: Durch das ganze Jahr hindurch werden wir mit frischer Ernte versorgt! Wann welche Gemüsearten reif sind, wann sie aus heimischer oder aus internationaler Ernte angeboten werden und was sich daraus so alles in der Küche zaubern lässt, zeigen die folgenden Steckbriefe. Es handelt sich nicht um den kompletten Saisonkalender, sondern nur um einige ausgewählte Gemüsearten, die auch besonders häufig in den nachfolgenden Rezepten auftauchen. Ein kleiner Streifzug durch den Küchengarten!

SPARGEL

Im April gibt es auf den Märkten meist den ersten regionalen Spargel. Zunächst kommt der weiße, dann der grüne Spargel aus heimischem Anbau. Oft werden viele andere Gemüsearten auch während der Saison zu großen Teilen ergänzend importiert (zum Beispiel Zucchini), hingegen wird weißer Spargel – mindestens in Zeiten der heimischen Saison von Mitte April bis zum 24. Juni (Johanni) – vor allem aus heimischem Anbau angeboten. Grüner Spargel schmeckt noch etwas kräftiger und aromatischer als weißer Spargel und muss in der Regel auch nur im unteren Drittel geschält werden. Beide Sorten lassen sich sowohl roh, gedämpft, gedünstet als auch gekocht oder gebraten zubereiten. Ein echter Alleskönner im Frühling also!

KOHLRABI

Ab Mitte Mai gibt es den ersten Freiland-Kohlrabi, der als Gemüse übrigens vor allem in Deutschland bekannt und verbreitet ist. Zwar werden die grünlichen oder violetten Knollen auch in Ländern wie Italien oder Spanien angebaut, doch so richtig populär ist der Kohlrabi vor allem in Deutschland. Bis in den frühen Herbst steht uns die regionale Ernte zur Verfügung und lädt in der Küche zum Experimentieren ein: In leichten Suppen, Eintöpfen und Salaten, als Rohkost oder auch als gedünstetes Gemüse lassen sich Kohlrabiknollen verarbeiten. Lecker: Das Grün mit verwenden. Einfach fein schneiden und über den Salat streuen. Auch ein Pesto lässt sich damit toll zubereiten.

ROTE BETE

Die knallroten und färbenden Knollen gibt es fast das ganze Jahr über aus heimischem Anbau: Im Mai geht es mit der kleinen Bund-Rote-Bete los. Die große Erntewelle folgt jedoch erst im Herbst: Dann gibt es die (meist größeren) Knollen durch den gesamten Winter bis ins neue Jahr als Lagerware. Übrigens auch sehr zu empfehlen: Gelbe Bete, die im Geschmack etwas weniger erdig ist, aber ihrer Schwester in Rot dann doch sehr ähnelt. Vorteil der gelben Variante: Sie färbt Finger, Kleidung und Material nicht ganz so stark! Rote und Gelbe Bete lassen

sich roh als Salat, gekocht als Gemüse, aus dem Ofen oder auch als cremige Suppe, würziges Chutney oder feines Pesto zubereiten.

FENCHEL

Durch den gesamten Sommer bis in den Herbst hinein können wir Fenchelknollen aus heimischem Anbau kaufen. Große Mengen erhalten wir parallel auch aus Italien, wo das Gemüse das ganze Jahr über angebaut und geerntet wird. Fenchel lässt sich in der Küche toll kombinieren und vielfältig einsetzen. Roh und leicht mariniert schmeckt er wunderbar als Antipasti-Gemüse oder auch im Salat. Gekocht passt er schön zu Möhren, Erbsen und anderen Sommergemüsesorten. Eine Klassiker-Kombination: Fenchel und Fisch! Das feine, faserige Grün übrigens nicht einfach wegschmeißen. Es eignet sich wunderbar zum Garnieren, aber auch zum geschmacklichen Aufpeppen von Salaten, Gemüse oder Currys.

ZWIEBELN

Neben Tomaten, Gurken und Möhren eine der liebsten Gemüsesorten der Deutschen. Fast das ganze Jahr über werden heimische Küchenzwiebeln angeboten. Haupterntezeit ist der späte Sommer und der Herbst, im Frühjahr gibt es Lieferungen aus dem europäischen und internationalen Ausland, die das heimische Lagerangebot ergänzen (Zwiebeln halten sich kühl und trocken gelagert über ein halbes Jahr!). Mit Zwiebeln lässt sich in der Küche durch die zahlreichen enthaltenen ätherischen Öle nicht nur kochen, sondern auch würzen. Zwiebeln – ganz gleich ob rote Zwiebeln, Schalotten oder Küchenzwiebeln – bringen jede Menge Geschmack in Topf und Pfanne.

MÖHREN

Ein echtes Allround-Gemüse, denn Möhren erhalten wir auf den hiesigen Märkten das ganze Jahr über. Allerdings liegen die Unterschiede im Detail: Während wir im späten Frühjahr die ersten heimischen Bundmöhren mit dem würzigen Grün auf dem Markt bekommen oder sogar im eigenen Garten ernten dürfen, folgen im Sommer sogenannte Waschmöhren ohne Laub.

Im Herbst wird die Struktur der Möhren noch etwas fester. Es sind auch die Möhren, die bis in den späten Herbst geerntet und uns durch den ganzen Winter hindurch als Lagergemüse in heimischer Qualität zur Verfügung stehen. Die frühen Bundmöhren im späten Frühjahr und Sommer sind oft relativ klein, zart und toll zum rohen Verzehr. Mittlerweile werden neben klassisch orangefarbenen Möhren übrigens auch weiße, gelbe, violette und dunkelrote Möhren angeboten – echte Hingucker auf dem Teller!

PETERSILIENWURZELN

Im Herbst und im Winter werden die hübschen Rüben oft direkt mit Grün angeboten. Der Clou: Das Bund frische Petersilie hat man gleich mit geerntet! Tatsächlich schmeckt das Kraut von Petersilienwurzeln ganz genau so wie Petersilie, die man im Topf oder im Bund auf dem Markt kauft. Das Fruchtfleisch der

Rüben gibt Eintöpfen, Suppen, buntem Pfannengemüse oder auch Gulasch sehr viel Würze. Lecker: Dünn gehobelt und mariniert schmecken Petersilienwurzel auch toll im Salat!

KNOLLENSELLERIE

Ein Ganzjahres-Klassiker, wobei die heimische Saison vor allem im Herbst und im Winter liegt. Kühl gelagert halten die Knollen dann bis ins neue Jahr und werden so lange auch in heimischer Qualität angeboten. Ein großer Teil der Importe, die das Angebot im Handel ergänzen, stammt aus den Niederlanden. Sellerieknollen lassen sich roh oder bissfest gegart als Salat zubereiten, als Teil des Suppengemüses verwenden oder auch als Ofengemüse kochen. Sellerie harmoniert im Salat zum Beispiel toll mit Äpfeln, Nüssen, Walnussöl und Lauchzwiebeln.

SPITZKOHL

Der hellgrüne, kegelförmige Kohl ist der erste aus der Kohlfamilie, der im Frühjahr in heimischer Qualität auf dem Markt angeboten wird. Als spezielle Variante des Weißkohls hat Spitzkohl dünnere und feinere Blätter und benötigt keine lange Garzeit. Sehr feiner, junger Spitzkohl lässt sich sogar roh dünn geschnitten im Salat servieren. Toll übrigens in Kombination mit etwas Frucht, wie Orange oder Apfel! Große Blätter eignen sich perfekt, um sie mit einem Mus oder einer Paste zu füllen und dann zu garen. Allgemein ist Spitzkohl sehr universell in der Küche einzusetzen: In der Gemüsepfanne, im Salat, leicht gedünstet mit etwas Butter, im Eintopf – ganz, wie man mag.

BLUMENKOHL

Ein echter Ernteklassiker: In der Gemüsesuppe, im Eintopf, in der Gemüsepfanne, zu Fleisch, Fisch oder kreativ als feiner Blumenkohl-Schnee (wie Couscous), in Salaten, roh mariniert als Antipasti-Gemüse oder in Pürees: Aus Blumenkohl lassen sich viele unterschiedliche Gerichte kreieren. Heimische Ernte ist vor allem in den Sommermonaten und im Herbst verfügbar, ergänzt wird das Angebot durch Ernten aus Frankreich, Belgien oder den Niederlanden. Dort gibt es auch häufiger violetten oder grünen Blumenkohl. In Deutschland sind eher weiße bis elfenbeinfarbene Kohlköpfe verbreitet, die oft auch noch ihre Blätter schützend um die Röschen liegen haben. So können sie sich bei Sonneneinstrahlung nicht so schnell verfärben.

BROKKOLI

Sieht er besonders schön dunkelgrün aus und hat keine gelblichen Verfärbungen, ist er geradezu perfekt: Brokkoli ist ein echter Klassiker in der Küche und wird in heimischer Qualität vor allem im Sommer angeboten. Teilweise beginnt die Ernte auch schon im späten Frühjahr und dauert bis in den Herbst, doch ein Großteil des Angebots stammt parallel auch aus dem europäischen Ausland, zum Beispiel aus Spanien und Italien. Brokkoli bietet sich wunderbar für die schnelle Küche an, da er zum einen binnen weniger Minuten gar ist und zum anderen auch direkt roh, fein geraspelt oder geschnitten im Salat verwendet werden kann. Kurz blanchiert und mit Kräutern mariniert, in der Suppe, zu Pasta, Reis oder Couscous oder auch als Ofengemüse – die Einsatzmöglichkeiten für Brokkoli sind

vielfältig. Tipp: Brokkoli rasch verwerten und auf jeden Fall im Kühlschrank aufbewahren.

ZUCCHINI

Optisch eher überraschend, aber wahr: Zucchini sind eine Form des Gartenkürbisses. Die Menge an heimischer Ernte ist verhältnismäßig zum Verbrauch eher gering. Selbst in der Saison während der Sommermonate bis hin in den frühen Herbst kommt ein Großteil der Zucchini aus dem europäischen Ausland, teilweise auch aus Afrika. Doch insbesondere auf den Wochenmärkten findet man auch immer wieder heimische Ernte. Ob mit mediterranen Kräutern gedünstet, in der Gemüsepfanne mit Auberginen und Tomaten zu Fisch oder Fleisch oder dünn gehobelt im sommerlichen Salat – Zucchini lassen sich vielfältig einsetzen und genießen!

ROTKOHL

Mit ihm verbindet man schnell deftige Winterküche. Doch Rotkohl kann auch anders und steht uns nicht nur im Winter zur Verfügung. Zwar sind die Herbstmonate die Haupterntezeit für die festen, roten Kohlköpfe, da nun auch die Ernte für die Wintermonate eingelagert wird, doch einige kleine Rotkohlköpfe stehen uns auch bereits im Sommer aus heimischer Ernte zur Verfügung. Dieser frühe Rotkohl eignet sich besonders für Salate, da die Blätter weniger fest sind. Aber auch der späte Rotkohl lässt sich wunderbar für knackige Salate verwenden – einfach das Dressing einige Minuten einmassieren, so bekommt der Rotkohl eine angenehme Konsistenz und nimmt das Dressing schön auf!

GURKEN

Auch sie steht auf der Gemüse-Hitliste der Deutschen: Die (Salat-)Gurke. Klassisch im Salat, als Rohkost, gedünstet oder fein püriert mit Kräutern, wie Dill und Minze abgeschmeckt in der erfrischenden Suppe: Gurken lassen sich vielfältig einsetzen und sind in heimischer Qualität vor allem im Sommer verfügbar. Ein Großteil des Angebots wird aber auch während der Erntezeit aus den benachbarten Niederlanden, Belgien und anderen europäischen Ländern importiert.

GRÜNKOHL

Die Auswahl an Wintergemüse, das tatsächlich auch im Dezember oder Januar geerntet wird und nicht als Lagergemüse zur Verfügung steht, ist in Deutschland wahrlich gering. Grünkohl gehört jedoch dazu! Er braucht die kalte Temperaturen und kann sowohl deftig zubereitet werden, wie der Klassiker aus Norddeutschland mit Wurst und Kartoffeln, oder auch modern als Pesto, roh oder blanchiert im Salat. Tipp: Für die rohe Verwendung im Salat gern jungen Grünkohl verwenden, da seine Blätter besonders fein sind. Grünkohl, der zu fest ist und eher dicke Blätter hat, schmeckt besser gedünstet, gebraten oder auch gekocht.

HEIMISCHE SUPERFOODS – ERNTEKLASSIKER NEU ENTDECKT

„Superfood" – Das klingt fast schon wie ein Wunderlebensmittel. Doch Wunder sind selten, und Wissenschaftler setzen nun einmal auf harte Fakten. Was steckt also genau hinter dem Begriff, mit dem zur Zeit unter anderem sämtliche heimischen Kohlsorten, Salate, grüne Kräuter, Blaubeeren, Zwiebeln, Knoblauch und Tomaten bezeichnet werden?

Spricht man mit Ernährungswissenschaftlern über Superfoods, reagieren die meisten zurückhaltend oder gar skeptisch. „Das ist ein Marketingbegriff", sagt Ernährungswissenschaftler Prof. Dr. Bernhard Watzl vom Max-Rubner-Institut, dem Bundesforschungsinstitut für Ernährung und Lebensmittel in Karlsruhe. „Das ist ein frei erfundener Begriff, der nicht geschützt ist", bestätigt Harald Seitz, Diplom-Ökotrophologe und Sprecher des aid-Infodienst für Landwirtschaft, Lebensmittel und Ernährung in Bonn. Ernährungssoziologe Dr. Daniel Kofahl, Vorstandsmitglied in der Deutschen Akademie für Kulinaristik, setzt die Reihe fort: „Das ist ein Marketingbegriff, der suggeriert, dass es Produkte gibt, die Wunder wirken. Das ist natürlich ein Versprechen, das nicht eintreffen kann!" Und dennoch sind sich alle drei Forscher einig: Der Begriff funktioniert und er ist super, im wahrsten Sinn des Worts: Denn er begeistert Menschen, sich mit Ernährung auseinanderzusetzen.

WIEDERENTDECKUNG HEIMISCHER LEBENSMITTEL

„Bekannte Lebensmittel werden als heimische Superfoods wiederentdeckt, exotische und fremde Lebensmittel werden neu kennengelernt", sagt Kofahl. Er erlebe es so, dass Menschen sich durch den Begriff wieder neu für Ernährung faszinieren lassen. Natürlich sind Wunder dabei ausgeschlossen. „Wer den ganzen Tag Superfoods isst und trotzdem eine Erkältung bekommt, sollte nicht enttäuscht sein", mahnt Ernährungswissenschaftler Harald Seitz mit einem Schmunzeln. Doch in einem Punkt sind sich die Forscher durchaus sicher: „Eine große Menge an Obst und Gemüse – diese bekannten fünf Portionen am Tag – gehen mit einem messbaren gesundheitlichen Vorteil einher", bestätigt Prof. Dr. Bernhard Watzl. Und viele heimische Lebensmittel, die auch als heimische Superfoods bezeichnet werden, leisten genau hier ihren Beitrag. „Wir wissen, dass es in Bezug auf die gesundheitliche Wirkung günstig ist, möglichst viele unterschiedliche Obst- und Gemüsearten aufzunehmen", erklärt der Ernährungswissenschaftler. Denn jedes Gemüse, jedes Obst, jedes Superfood zeichnet sich durch andere wertvolle Inhaltsstoffe aus, die sich positiv auf die Gesundheit des Menschen auswirken.

Sekundäre Pflanzenstoffe sind hier das entscheidende Stichwort: Denn von ihnen ist meist die Rede, wenn vom besonderen gesundheitlichen Mehrwert eines Produkts oder Superfoods gesprochen wird. Diplom-Ökotrophologe Harald Seitz bezeichnet die sekundären Pflanzenstoffe vereinfacht ausgedrückt als Stoffe, die präventiv und schützend auf den Menschen wirken. Je nach Gruppe und Art der sekundären Pflanzenstoffe gibt es eine antioxidative Wirkung (Schutz vor freien Radikalen im Körper), eine entzündungshemmende oder auch eine antibiotische (krankheitserregerabtötende) Wirkung. Einigen sekundären Pflanzenstoffen sagt man auch eine antikanzerogene Wirkung, also eine krebsvorbeugende Wirkung nach. Definitive Aussagen zu konkreten Lebensmitteln seien aber immer noch sehr vage und mit Vorsicht zu genießen, betonen die Experten. Hintergrund: Man kann fast nur über Tier- und Invitro-Versuche Rückschlüsse auf die Wirkung der Lebensmittel und deren Inhaltsstoffe ziehen. Menschenversuche sind kaum möglich, sodass die Erkenntnisse nur langsam wachsen.

ENTSCHEIDEND IST DIE VIELFALT AUF DEM TELLER

Im Hinblick auf heimische Superfoods in der Küche sind das aber trotzdem gute Nachrichten: Denn dass Tomaten, Äpfel, Spinat, Grünkohl, Möhren und Bärlauch grundsätzlich eine positive Wirkung auf die Gesundheit haben, ist nachgewiesen. „Vor allem, wenn man viele unterschiedliche Gemüsearten zu sich nimmt", betont Prof. Dr. Watzl. Man gehe nämlich davon aus, dass viele Gemüse- und Obstarten mit ihren sekundären Pflanzenstoffen und Mikronährstoffen additiv wirken. Das heißt, je mehr Verschiedenes gegessen wird, desto besser. „Fakt ist, dass eine größere botanische Vielfalt mit einem größeren gesundheitlichen Nutzen einhergeht", so Watzl. Wenn es nach ihm geht, sollte man übrigens nicht nur die genannten Gemüsearten, Kräuter, Nüsse und Kerne als heimische Superfoods bezeichnen, sondern konsequenterweise auch Joghurt, als fermentiertes Milchprodukt, das probiotisch wirkt. Genauso auch Käse mit seinen probiotischen Bakterien, die den Darm unterstützen. Fleisch mit hochwertigem Eiweiß, Mikronährstoffen und B-Vitaminen sowie auch Innereien wie vor allem Leber. „Das sind alles hervorragende, natürliche Lebensmittel, also absolute Superfoods!"

Grundsätzlich sei es wichtig, möglichst naturbelassene und nicht hochverarbeitete Lebensmittel zu essen. „Wir sollten immer noch wissen, was drin ist!", sagt Dr. Watzl. Natürlich funktioniere dies am besten, wenn man selbst kocht! Auch da sei der Mix ideal: Hier und da rohes Gemüse sei hervorragend, jedoch gebe es auch Pflanzenstrukturen, die erst durch das (maßvolle) Erhitzen so weit geöffnet werden, dass bestimmte Inhaltsstoffe überhaupt vom Körper aufgenommen werden können. Auch bei Nüssen und Samen übrigens ein spannendes Thema: Leinsamen sind von einer so stabilen Schale umgeben, dass sie vom Verdauungssystem allein nicht vollständig aufgebrochen werden können. Daher ist es sinnvoll, sie zu quetschen oder anderweitig aufzuspalten, sodass der Körper auch an die wertvollen Inhaltsstoffe im Innern der Samen herankommt und diese nutzen kann.

WAS SIND NUN WIRKLICHE SUPERFOODS?

Welche Lebensmittel sind nun wirklich heimische Superfoods? Eine Frage, auf die zehn Experten sicher zehn verschiedene Antworten geben könnten. Als Faustformel könne man sich gut an alle heimischen, frischen Lebensmittel halten, die es im Garten oder auf dem Feld zu ernten gibt, sagt Ernährungswissenschaftler Harald Seitz. „Grundsätzlich macht jedes Lebensmittel Sinn", betont auch Prof. Dr. Watzl. „Wir sollten nicht einzelne Lebensmittel herauspicken, nur weil sie in ganz bestimmten Kategorien ein hohes Maß an Inhaltsstoffen vorweisen können. Wir brauchen ein großes Spektrum an diesen essentiellen Nährstoffen, an Ballaststoffen sowie auch an sekundären Pflanzenstoffen. Es wird nie ein Lebensmittel geben, das all diese Eigenschaften erfüllt, deshalb brauchen wir die Vielfalt!" Also: Quer durch den Garten und alle Jahreszeiten!

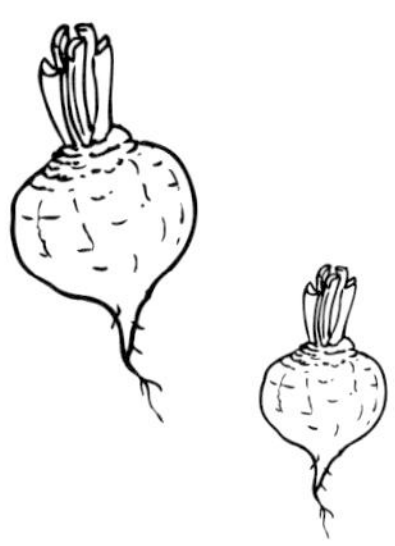

Heimische Ernte in der Spitzenküche

Drei-Sterne-Koch Thomas Bühner über Gemüse und die Verwendung in der Spitzengastronomie

Marinierter Blumenkohl im Zwischengang, eine süße Creme mit dem Grün von Bundkarotten auf dem Dessert-Teller, Chips von der Topinambur-Schale und fermentierter Rettich zu Käse – aus Gemüse lassen sich die spannendsten Kreationen und Kombinationen zubereiten. Das verrät unter anderem ein Blick in die Küche des mit drei Michelin-Sternen ausgezeichneten Spitzenrestaurants „la vie" in Osnabrück. Wie man mit Blumenkohl, Erbsen, Karotten und Co. richtig umgeht und worauf es beim Zubereiten in der Spitzenküche ankommt, das verrät der Chef des Hauses, Thomas Bühner, im Gespräch.

Erbsen, Möhren, Zucchini und Co. — Klassiker, die wir kennen. Was ist die Herausforderung bei frischem Gemüse?

Von Kindern kennt man das: Sie sagen häufig: „Gemüse mag ich nicht, will ich nicht!" Aber auch viele Erwachsene sagen, dass sie zum Beispiel keine Erbsen oder Möhren mögen. Das wundert mich immer total! Ich weiß nicht, wie man so etwas nicht mögen kann! Ich stehe ja auch auf dem Standpunkt, dass es überhaupt kein Lebensmittel auf dieser Welt gibt, das man nicht mögen kann! Es gibt vielleicht schlechte Zubereitungen, die man nicht mag, aber wenn etwas wirklich gut zubereitet ist, kann man alles essen und das ist die Kunst – auch beim Gemüse! (lacht)

Und wie funktioniert die gute Zubereitung?

Neben der Produktqualität, die übrigens gern überschätzt wird, ist die Verarbeitungsqualität ein ganz zentrales Stichwort. Denn mit einer schlechten Zubereitungsart kann man wirklich jedes Produkt verhunzen – war es ursprünglich mal noch so frisch und hochwertig! Viele Leute nehmen ihr Gemüse, schmeißen es in reichlich Wasser und freuen sich, dass sie gleich zwei Gerichte gekocht haben: Das Gemüse und einen Gemüsefond. Bei Spargel wird das zum Beispiel gerne so gemacht. Dabei denke ich immer: Wie bescheuert ist das denn?! Denn den Geschmack aus dem Spargel habe ich dann ja im Wasser! Dabei hätte ich ihn viel lieber im Spargel! Auf den Fond würde ich pfeifen, wenn ich den nicht unbedingt brauche! Im Fleischbereich ist es übrigens das Gleiche: Leute kochen ein Huhn oder einen Tafelspitz und freuen sich über einen Hühnerfond, anstatt darauf zu achten, dass die Geschmacksstoffe möglichst im Fleisch selbst erhalten bleiben.

Wie bleibt möglichst viel Geschmack im Produkt?

Das Gegenteil müsste das Ziel sein. Also das Gemüse nicht in Wasser kochen und nebenbei einen Fond herstellen, sondern das Gemüse vielleicht sous-vide garen, also in unserem Fall den Spargel in einen Vakuum-Beutel geben, einen Stich Butter und etwas Zitronenschale dazugeben und dann im Vakuum im Dämpfer oder Wasserbad kochen. So gart der Spargel in seiner eigenen Flüssigkeit und behält die Aromen komplett bei sich. Schöne Alternativen sind auch Dämpfen und Dünsten. Dünsten war lange Zeit in Vergessenheit geraten, ist aber eine wunderbare Garmethode – gerade für Gemüse! Man setzt den kalten Topf auf den Herd, gibt ein bisschen Butter, eine Prise Salz, und – je nachdem, was es gibt, auch gern mal ein bisschen Zucker dazu. Zucker und Salz sind hygroskopisch – entziehen dem Produkt Wasser. Gibt man also Karottenscheiben mit in den Topf, setzt den Deckel auf und lässt das Gemüse bei ganz kleiner Flamme garen, sieht man, dass sich am Topfboden langsam Wasser bildet – nämlich das aus den Karotten. So garen sie im eigenen Saft und behalten die größtmögliche Menge ihres eigenen Geschmacks – so möchte man es doch eigentlich auch haben!

Man kann je nachdem, wie viel Wasser sich bildet, auch ein bisschen Wasser oder Brühe hinzugeben, aber eigentlich kriegt man das so hin! Die Luxusvariante wäre natürlich: Eine Karotte durch den Entsafter ziehen und Karottensaft zugeben! Geschmacksverstärkung durch Verdopplung – und schon wird es besser als bisher!

Das Zauberwort heißt also schonendes und indirektes Garen?

Ja, auf jeden Fall! Wer Gemüse im eigenen Saft gart und dabei die Temperatur im Blick behält, erhält so den ursprünglichen Geschmack des Lebensmittels. Und dann schmecken auch Erbsen! (lacht) Ein weiterer Trick: Fenchel zugeben. Fenchel erhöht den Eigengeschmack. Bei der Zubereitung von Karotten würde das zum Beispiel gut passen: Einfach ein paar Fenchelsamen oder anstelle von Möhrensaft etwas Fencheltee mit in den Topf zum Dünsten geben.

Wie gehen Sie und Ihr Team in der Sterneküche mit Gemüse um? Gibt es ein Beispiel?

Nehmen wir den Blumenkohl! Da kriegt eigentlich niemand eine Gänsehaut, wenn ich sage: „Heute gibt es mal Blumenkohl!" Aber da steckt so viel Tolles darin! Es fängt mit den Blättern ringsherum an. Diese nimmt man ab, schneidet sie in Streifen oder zupft sie in kleinere Stücke. Während der Rest des Kohls zubereitet wird, können die Blätter schon mal in einer Haselnuss- oder Walnussöl-Marinade ziehen.

Dickere Stiele können ebenfalls mitverarbeitet werden. Einfach schälen und leicht dünsten – das geht in Windeseile. Einen Teil der Blumenkohlröschen schneide ich vom Strunk runter und gebe sie zum Dünsten in einen Kochtopf. Aus einem Teil der gegarten Röschen bereite ich nun ein Blumenkohlpüree mit etwas Vanille zu, die anderen Röschen bleiben ganz. Und schon geht es ans Anrichten: Püree, gegarte Röschen, die gedünsteten Stiele drumherum, dann noch die marinier-

ten Blätter und oben drüber etwas geraspelter Blumenkohl-Schnee. Man könnte einen Teil der Röschen übrigens auch in der Pfanne anrösten – das gibt schöne Röstaromen und ein spannendes Geschmackserlebnis! Und schon wird aus einem Blumenkohl ein Gericht für sechs Personen!

Unterschiedliche Konsistenzen und Zubereitungsarten sind in Ihrer Küche also das A und O?

Auf jeden Fall! Viskosität spielt für den Geschmack eine Riesenrolle, genauso auch die Temperatur! Nehmen wir den Saft einer frisch ausgepressten Orange. Ein Drittel wird erwärmt und kühlt wieder ab – schmeckt dann längst nicht so gut wie frisch. Ein weiteres Drittel wird geliert und schmeckt dann so gut wie nach nichts, da die Konsistenz zu fest ist. Das letzte Drittel wird ganz frisch getrunken und schmeckt super. Wenn ich das jetzt für eine Zubereitung verbinde, würde ich immer auch Saft nehmen, weil ich dann viel mehr Eigengeschmack des Produkts habe!

Welche spannenden Ideen gibt es aktuell mit heimischem Gemüse im „la vie"?

Mein Lieblingsgemüse ist ja zur Zeit Topinambur! Wir machen den roh, also ganz dünn aufgeschnitten und dann in einer Nussmarinade eingelegt. Zusätzlich nehmen wir die ganzen Topinamburknollen und stecken sie wie Baked Potatoes in den Ofen, ohne Alufolie, einfach auf Salz gelegt gegart. Dann kratzen wir den Pulp raus und machen ein Püree daraus. Die Schale wird getrocknet und dann frittiert. Übrigens ein echter Geheimtipp, die Chips schmecken super!

Und dann werden aus rohen Topinamburknollen noch kleine olivengroße Topinamburkugeln ausgestochen. Die werden nur kurz gegart, sodass sie noch Biss haben. Einen Teil davon trocken wir unter der Wärmelampe, dann sehen sie wie Rosinen aus, die andere Hälfte kochen wir in einer Mischung aus Muscovado-Zucker und Whisky. So werden sie schön dunkelbraun und bekommen einen malzigen Geschmack. Dazu dann das Püree, die Chips und die frittierte Haut – das ist echt super!

Welchen Stellenwert hat Gemüse in der Spitzengastronomie?

Ich hatte früher einen Lehrchef, der hat gesagt: „Das Wichtigste in einer Küche ist das Fleisch!" So ist es heute nicht mehr! Das sind alles wichtige Posten bei uns in der Küche, und Gemüse ist ein sehr wichtiger Bestandteil! Nahezu auf jedem Teller, der unsere Küche verlässt, befindet sich Gemüse. Wir machen dabei gern eine Deklination von verschiedenen Gemüsesorten. Also möglichst viel Geschmack aus einem einzigen Gemüse. Das funktioniert dann wie im Beispiel mit dem Blumenkohl, sodass am Ende feste, flüssige, weiche, gebratene, gedünstete und rohe Bestandteile eines Produkts auf dem Teller liegen. Ein Gemüse in unterschiedlichsten Variationen.

REZEPTE

WISSENSWERTES RUND UM DIE REZEPTE IN DIESEM BUCH – ÜBER ZUTATEN, MATERIALIEN, TIPPS UND TRICKS

SUPPEN UND SALATE AUFPEPPEN

Wer sich durch die einzelnen Rezepte in diesem Buch kocht, der wird schnell merken, dass insbesondere bei Suppen und Salaten stets ein crunchiges Topping für eine interessante und abwechslungsreiche Textur vorgeschlagen wird. Diese Toppings, wie zum Beispiel Nüsse, knuspriges Kräuter-Granola oder auch geröstete und karamellisierte Kichererbsen können, natürlich je nach Geschmack ausgetauscht, mit weiteren Zutaten variiert und angepasst werden. Die Rezepte sollen eine Inspiration sein und zum weiteren kreativen Arbeiten in der Küche anregen!

NÜSSE, KERNE UND SAMEN RÖSTEN

In vielen Rezepten werden geröstete Walnusskerne, Kürbiskerne, Sesamsamen, Pinienkerne, Macadamianusskerne oder auch Haselnusskerne verwendet. Man röstet die kleinen Energiebündel am besten, indem man sie wahlweise kurz wenige Minuten ohne Fett in der heißen Pfanne schwenkt oder größere Mengen als Vorrat auf einem mit Backpapier belegtem Backblech bei etwa 150 °C (Umluft) im Ofen fünf bis fünfzehn Minuten röstet. Pinienkerne nehmen bereits nach ein bis zwei Minuten Farbe an (schnell sein!), Walnusskerne benötigen etwas länger. Durch das Rösten werden die Nüsse und Kerne viel aromatischer und bringen so noch mehr Geschmack ins Gericht und auf den Teller!

ZERKLEINERN UND MIXEN

Für Pestos, wie das Rote-Bete-Pesto mit gerösteten Walnusskernen, das Mangoldpesto zu Nudeln oder auch den Frühlingssmoothie mit Rucola, Radieschen und Äpfeln sollte bestenfalls ein Hochleistungsmixer verwendet werden, der Nüsse und andere Bestandteile besonders fein mixt. Alternativen sind klassische Mixer oder auch sehr leistungsstarke Pürierstäbe.

GEMÜSE WASCHEN

Dass Gemüse, Salate und Früchte gründlich geputzt und gewaschen verwendet werden, wird in den Rezepten vorausgesetzt und daher nicht mehr näher beschrieben. Nur bei nicht allzu häufig verwendeten und unüblichen Gemüsesorten und an Stellen, wo sich gern besonders viel Erde oder kleine Tiere im Gemüse verstecken (zum Beispiel im Mangold) wird noch einmal gesondert darauf hingewiesen.

SPIRALSCHNEIDER

Wer gerne und oft Gemüse zubereitet, wird vielleicht schon einen haben: Einen Spiralschneider, der Rote Bete, Süßkartoffeln, Kohlrabi und andere feste Gemüsesorten zu langen, spaghettiähnlichen Schnüren verarbeiten kann. Auch in den Rezepten in diesem Buch kommt der Spiralschneider einige Male zum Einsatz. So lässt sich ein vergleichsweise kohlenhydratarmer Spaghetti-Ersatz aus Gemüse herstellen oder auch Rohkostsalate in Nudelform, die auf diese Weise eine andere Textur bekommen, als wenn man die Zutaten klassisch in Scheiben schneidet.

DAS SALZ IN DER SUPPE

Der Salzgehalt in Gerichten ist immer Geschmackssache und sollte gegebenenfalls individuell angepasst werden. Vor allem in Rezepten, in denen Gemüse-, Fisch- oder Rinderbrühe verwendet wird, sollte immer individuell geschaut werden, wie hoch der Salzgehalt der verwendeten Brühe bereits ist. Am besten hat man diesen natürlich im Griff, wenn man die Brühe selbst kocht! Ist es eine sehr leichte Brühe, kann etwas kräftiger gesalzen werden, ist die Brühe aber schon recht stark, lieber etwas zurückhaltender salzen.

SÜSSSTOFF

In vielen Rezepten werden Honig, Agavendicksaft und Ahornsirup zum Süßen verwendet. Der Vorteil gegenüber klassischem Zucker: Man hat am Ende keine Kristalle im Essen (wie zum Beispiel im Salatdressing), die sich möglicherweise nicht komplett aufgelöst haben. Außerdem lassen sich Honig und Ahornsirup auch geschmacklich toll in die verschiedenen Gerichte einbinden! Agavendicksaft ist hingegen relativ geschmacksneutral.

DREI STICHWORTE

Über jedem Rezept finden sich drei Stichworte, die das Gericht ganz grob charakterisieren und für verschiedene Anlässe einordnen. „Für Gäste“, „gut vorzubereiten“, „Sonntagsessen“, „Buffet-Liebling“ und ähnliche Stichworte zeigen gleich auf den ersten Blick, wann sich welches Rezept am besten anbietet und was es auszeichnet.

KREATIV AM HERD

Die Rezepte in diesem Buch sollen Ideen und Anregungen liefern und dabei auch zum eigenen Experimentieren und weiteren Kombinieren in der eigenen Küche einladen. Anstelle von Grünkohlgnocchis lassen sich zum Beispiel auch auf ähnliche Weise Spinatgnocchis zubereiten. Warum anstelle eines Himbeerdressings zum Rohkostsalat im Sommerkapitel nicht mal ein Blaubeerdressing ausprobieren oder die Summerbowl statt mit Bulgur mit Hirse oder Reis zubereiten? Auch mit Kräutern und Gewürzen lässt sich nach Geschmack und Verfügbarkeit spielen und variieren. So ergeben sich neben den vorhandenen 60 Rezepten noch viele weitere Variationen, die darauf warten, entdeckt zu werden!

FRÜHLING

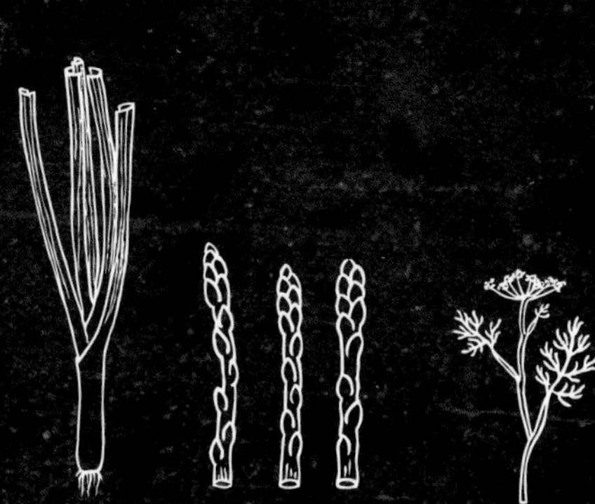

| SCHNELL GEMACHT
| ESSEN MIT FREUNDEN
| SNACK

Frühlingsburger

MIT SPARGEL, RÄUCHERLACHS UND GERÖSTETEN KERNEN

FÜR DEN SALAT
500 g grüner Spargel
200 g Möhren, längs gehobelt
2 Lauchzwiebeln, in feinen Ringen

FÜR DAS DRESSING
2 EL Olivenöl
1 EL Apfelbalsam
½ TL Senf
½ TL Honig
Salz, Pfeffer

FÜR DIE GEBRATENEN SPARGELKÖPFE
Spargelköpfe (s.o.)
2 EL Olivenöl zum Anbraten
½ TL Honig
Salz

AUSSERDEM
4 Burger- oder Lieblingsbrötchen nach Wahl (gern mit Körnern)
200 g Frischkäse
200 g Räucherlachs, in dünnen Scheiben
½ Bund Schnittlauch, in feinen Ringen
3–4 EL Kürbiskerne und Hanfsamen, geröstet

| 4 PERSONEN |

Die Köpfe vom Spargel abschneiden und zum Braten beiseitelegen. Die Spargelstangen längs mit dem Sparschäler dünn hobeln. Die Möhren ebenfalls längs hobeln und zusammen mit dem Spargel und den Lauchzwiebeln in eine Salatschale geben. Aus Olivenöl, Apfelbalsam, Senf, Honig, Salz und Pfeffer ein Dressing rühren und es mit dem rohen Gemüse vermengen.

Die Spargelköpfe in Olivenöl in einer Pfanne bei mittlerer Hitze braten, dabei den Honig und etwas Salz in die Pfanne geben und den Honig leicht karamellisieren lassen. Die Spargelstücke rund 3–5 Minuten bei mittlerer Hitze braten, bis sie die gewünschte, noch bissfeste Konsistenz erreicht haben.

Die Burgerbrötchen halbieren, kurz in der Grillpfanne anrösten und beide Brötchenhälften mit Frischkäse bestreichen. Die unteren Hälften mit etwas Spargel-Möhren-Salat belegen, dann jeweils 1–2 Scheiben Räucherlachs darauflegen. Nun etwas Schnittlauch und gebratenen Spargel auf den Lachs geben und ggf. noch weiteren Salat auf den Burgern platzieren. Mit gerösteten Kürbiskernen und Hanfsamen bestreuen und die oberen Brötchenhälften aufsetzen.

TIPP
Anstelle von Räucherlachs können die Burger auch mit frisch gegrillten Lachsfilets oder geräucherter Forelle belegt werden!

| ZUM WEIN
| FRISCH AUS DEM OFEN
| WÜRZIG

Bärlauchfocaccia

MIT DINKELVOLLKORNMEHL

FÜR DAS BÄRLAUCH-ÖL

50 g Bärlauch, gewaschen, gut getrocknet

8 EL Rapsöl

Salz

FÜR DEN TEIG

100 g Dinkelkörner

450 g Weizenmehl, Type 405

2 TL Salz

2–3 EL Bärlauch-Öl (s.o.)

1 Würfel Hefe

1 Prise Zucker

| 1 GROSSE FOCACCIA |
(Größe von 1 Backblech)

Zunächst das Bärlauch-Öl herstellen. Dazu die vorbereiteten Bärlauchblätter in einen Mixer geben und fein zerkleinern. Öl und etwas Salz hinzugeben und kurz mit mixen. Abschmecken und beiseitestellen.

Die Dinkelkörner im Hochleistungsmixer auf höchster Stufe 30 Sekunden fein mahlen. Alternativ Dinkelvollkornmehl verwenden. Das Dinkelmehl mit dem Weizenmehl, Salz und 2–3 EL vom frisch gemixtem Bärlauch-Öl vermengen. Hefe in 275 ml lauwarmes Wasser bröckeln, Zucker hinzugeben und die Hefe unter Rühren auflösen und zum Mehl-Mix geben. Innerhalb von 3 Minuten einen glatten Teig kneten.

Den Teig zur Kugel formen und abgedeckt an einem warmen Ort 30–45 Minuten gehen lassen, bis sich der Teig sichtbar vergrößert hat. Anschließend den Teig nochmals gründlich durchkneten und zu einem flachen, ovalen Teigfladen formen und diesen auf ein mit Backpapier belegtes Blech setzen. Den Backofen auf 160 °C (Umluft) vorheizen und eine Tasse mit Wasser auf dem Boden des Ofens platzieren.

Mit der Stielseite eines Holzlöffels einige kleine Mulden in den Teigfladen drücken und weitere 2–3 EL Bärlauchöl auf der Teigoberfläche verteilen.

Die Focaccia im heißen Backofen rund 25 Minuten backen.

Die Focaccia noch warm mit restlichem Bärlauch-Öl bestreichen und frisch mit Fleur de Sel bestreut servieren.

TIPP

Wer es zitronig-frisch mag, gibt in das letzte Drittel des Bärlauch-Öls (mit dem die fertig gebackene Focaccia bestrichen wird) eine gute Messerspitze geriebene Schale von 1 Bio-Zitrone.

| LEICHTE KÜCHE
| TOLL ZU VARIIEREN
| MITTAGSSNACK

Kartoffelsalat

MIT FRÜHLINGSKRÄUTERN UND RADIESCHEN

FÜR DEN KARTOFFELSALAT

1 kg Kartoffeln, festkochend

½ TL Salz

1 Bund Radieschen, in feinen Scheiben

3 Lauchzwiebeln, in feinen Ringen

½ Töpfchen Gartenkresse

1 gute Handvoll gemischte Kräuter, fein geschnitten (Thymian, Schnittlauch, Kerbel, Petersilie, Kapuzinerkresse, Minze, Basilikum)

FÜR DAS DRESSING

3–4 EL Olivenöl

2 EL Apfelbalsam

1 TL Honig

½ TL Senf

¼ TL Abrieb von 1 frischen Bio-Zitrone

Salz, Pfeffer

4 EL Kürbiskerne, geröstet

| 4 PERSONEN |
(als Beilage)

Die Kartoffeln klassisch als Pellkartoffeln kochen, etwas abkühlen lassen und pellen. Die lauwarmen Kartoffeln in kleine Würfel oder Scheiben schneiden und in eine große Salatschüssel geben und leicht salzen. Radieschen, Lauchzwiebeln, Kresse und weitere Kräuter zugeben und mit den Kartoffeln vermengen.

Olivenöl, Apfelbalsam, Honig, Senf, Zitronenabrieb sowie etwas Salz und Pfeffer zu einem glatten Dressing verrühren. Unter die anderen Zutaten heben und den Salat nochmals abschmecken. Den Kartoffelsalat 15–30 Minuten durchziehen lassen und mit gerösteten Kürbiskernen bestreut servieren.

TIPP

Der Salat eignet sich toll als Beilage zum Grillen oder auch zum Picknick für unterwegs. Als leichtes Hauptgericht kann er schön mit einigen Räucherlachsstreifen, gedünstetem Fischfilet oder frisch gebratenen Rinderfrikadellen serviert werden.

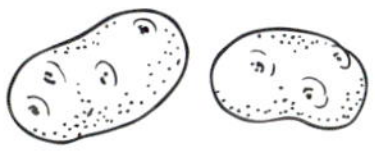

| LEICHTE FRÜHLINGSSUPPE
| GUT VORZUBEREITEN
| VEGAN

Kohlrabisuppe

MIT CURRY-QUINOA-TOPPING

FÜR DIE SUPPE

1 EL Rapsöl

1 Zwiebel, fein gewürfelt

1 Knoblauchzehe, fein gewürfelt

1 kg Kohlrabi, gewürfelt

600 ml Gemüsebrühe

250 ml Kokosmilch

1 TL Salz

1 TL Ahornsirup

¼ TL geriebene Schale von 1 Bio-Zitrone

Salz, Pfeffer

FÜR DAS QUINOA-TOPPING

150 g Quinoa, gewaschen und abgetropft

½ TL Salz

½ TL Ahornsirup

1 TL Currypulver

3 getrocknete Feigen, fein gewürfelt

AUSSERDEM

½ Bund Petersilie, fein geschnitten

| 4 PERSONEN |

Das Rapsöl in einem großen Topf erwärmen und die Zwiebel- und Knoblauchwürfel darin bei mittlerer Hitze andünsten. Kohlrabiwürfel hinzugeben und die Gemüsebrühe und die Kokosmilch angießen. Salz hinzufügen und die Suppe unter Rühren zum Kochen bringen. Im geschlossenen Topf bei kleiner bis mittlerer Hitze rund 20–25 Minuten kochen lassen.

Während der Kochzeit kann bereits das Quinoa-Topping vorbereitet werden. Den Ofen auf 160 °C (Umluft) vorheizen. Dann Quinoa mit 350 ml Wasser, Salz, Ahornsirup, Currypulver und den Feigenwürfeln in einen Topf geben und 15 Minuten bei kleiner Hitze kochen lassen, bis das Wasser komplett aufgenommen worden ist, dabei immer wieder mit einem Löffel oder einer Gabel auflockern und vermengen. Den Quinoa-Mix auf einem mit Backpapier belegtem Blech flach ausbreiten und im heißen Backofen etwa 15 Minuten trocknen und leicht rösten.

Die Suppe fein pürieren und mit Ahornsirup, Zitronenabrieb, Salz und Pfeffer abschmecken. Mit Petersilie und Quinoa-Topping bestreut servieren.

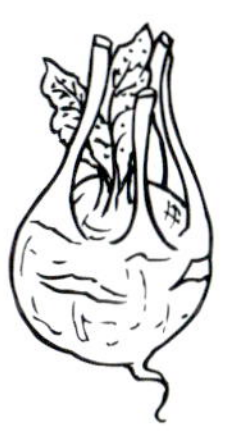

| ZU PASTA
| ZUM VERFEINERN
| AUFS BROT

Pesto

AUS MÖHRENGRÜN, SONNENBLUMENKERNEN UND HANFSAMEN

FÜR DAS PESTO

75 g Möhrengrün, gewaschen, abgetropft und geschleudert

1 Knoblauchzehe

50 g Sonnenblumenkerne, geröstet

25 g Hanfsamen, geröstet

75 ml Olivenöl

½ TL Salz

Pfeffer

| EIN GLAS PESTO |

Das Möhrengrün und die Knoblauchzehe in einen Hochleistungsmixer geben und auf mittlerer Stufe zerkleinern. Sonnenblumenkerne, Hanfsamen, Olivenöl und Salz hinzugeben und auf höchster Stufe innerhalb von 20–30 Sekunden ein Pesto mixen.

Das Pesto mit Salz und Pfeffer abschmecken und zu Nudeln, zu Fisch oder als Brotaufstrich servieren.

TIPP

Hanfsamen haben eine sehr feste Struktur. So erhält das Pesto eine leicht crunchige Textur. Wer das nicht mag, lässt die Hanfsamen weg und ersetzt sie durch weitere Sonnenblumen- oder Kürbiskerne. Die Kerne unbedingt vorher im Ofen 10–15 Minuten rösten, das gibt dem Pesto noch mehr Aroma!

| FRUCHTIG
| FRISCH
| KNUSPRIG

Kohlrabisalat

MIT APFELWÜRFELN UND KNUSPRIGEM KRÄUTER-GRANOLA

FÜR DAS GRANOLA

4 EL kernige Haferflocken

2 EL Sonnenblumenkerne

1 EL Sesamsamen

2 EL Leinsamen, geschrotet

2 EL Amaranth-Pops

4–5 getrocknete Aprikosen, in feinen Streifen

1 EL Ahornsirup

1–2 EL Kokosöl, erwärmt

1 TL getrocknete Kräuter (Thymian, Oregano und Rosmarin)

FÜR DEN SALAT

2 Kohlrabi (je ca. 250 g), geschält

1 großer Apfel, fein gewürfelt

3 Möhren, längs in dünne Scheiben gehobelt

1 Bund Petersilie, fein geschnitten

FÜR DAS DRESSING

3 EL Olivenöl

2 EL Apfelbalsam (alternativ Weißweinessig)

½ TL Ahornsirup

½ TL Senf

Salz, Pfeffer

| 4 PERSONEN |

Zunächst das Granola zubereiten. Den Ofen auf 150 °C (Umluft) vorheizen. Haferflocken, Sonnenblumenkerne, Sesamsamen, Leinsamen, Amaranth-Pops, getrocknete Aprikosen, Ahornsirup, Kokosöl und Kräuter in einer Schüssel vermengen und auf einem mit Backpapier belegtem Backblech verstreichen. Im heißen Backofen rund 5–10 Minuten rösten, dann abkühlen lassen.

Für den Salat die Kohlrabiknollen mithilfe eines Spiralschneiders zu feinen Spaghetti schneiden. Mit dem Messer gegebenenfalls 1- oder 2-mal durchteilen, sodass sie sich später leichter essen lassen. Die Gemüsespaghetti in eine große Salatschüssel geben. Apfelwürfel, Möhrenraspeln und Petersilie zugeben und alle Zutaten gut vermengen.

Aus Olivenöl, Apfelbalsam, Ahornsirup, Senf, Salz und Pfeffer ein Dressing mixen und es vorsichtig unter den Kohlrabisalat mischen. Den Salat mit Kräuter-Granola bestreut servieren und direkt genießen!

TIPP

Das Granola lieber erst unmittelbar vor dem Servieren über den Kohlrabisalat streuen, da es sonst durchweicht und seine knusprige Konsistenz verliert.

Bärlauchtaschen

MIT MÖHREN-LINSEN-FÜLLUNG

FÜR DEN TEIG
50 g Dinkelkörner
450 g Weizenmehl, Type 505
1 ½ TL Salz
½ Würfel Hefe
1 TL Honig
1 EL Rapsöl
50 g Bärlauch, sehr fein geschnitten oder im Mixer kurz püriert

FÜR DIE FÜLLUNG
250 g gelbe Linsen
500 ml Möhrensaft
1 EL Butter
1 Zwiebel, fein gewürfelt
400 g Möhren, in Scheiben
2 dünne Scheiben Ingwer
1 Msp. Chiliflocken
3 getr. Feigen, fein gewürfelt
ggf. 100 ml Möhrensaft
Salz, Pfeffer
ggf. etwas Honig
50 g geröstete Kürbiskerne

AUSSERDEM
1 Eigelb, verquirlt

| CA. 20 TEIGTASCHEN |

Im ersten Schritt den Teig zubereiten. Dafür die Dinkelkörner im Hochleistungsmixer auf höchster Stufe 30 Sekunden fein mahlen. Alternativ Dinkelvollkornmehl verwenden. Das Dinkelmehl mit Weizenmehl und Salz vermengen. Die Hefe in 175 ml lauwarmes Wasser bröckeln und unter Rühren darin auflösen. Hefe-Gemisch zum Mehl gießen. Honig, Rapsöl und Bärlauch hinzufügen und einen glatten, kompakten Teig kneten, zur Kugel formen und abgedeckt an einem warmen Ort 60 Minuten gehen lassen.

In der Zwischenzeit die Füllung vorbereiten. Dazu die Linsen waschen, abtropfen lassen und in einen großen Topf geben. Möhrensaft zugießen und die Linsen unter Rühren zum Kochen bringen. Im geschlossenen Topf und bei mittlerer Hitze 15 Minuten kochen lassen, dabei immer wieder umrühren. Restliche Kochflüssigkeit abgießen.

Die Butter in einem weiteren Topf erhitzen und die Zwiebelwürfel darin glasig dünsten. Möhren- und Ingwerscheiben, Chili sowie Feigenwürfel hinzugeben und mitdünsten. Das Gemüse leicht salzen und im geschlossenen Topf und bei niedriger Hitze 15 Minuten im eigenen Saft garen. Falls zu wenig Flüssigkeit im Topf ist, etwas Möhrensaft angießen.

Das Möhrengemüse nach dem Kochen mit den Linsen fein pürieren und mit Salz, Pfeffer und ggf. etwas Honig abschmecken. Geröstete und fein gehackte Kürbiskerne unterheben.

Den Backofen auf 150 °C (Umluft) vorheizen und eine Tasse mit Wasser auf dem Boden des Ofens platzieren. Den Bärlauchteig zwischen 2 Stücken Frischhaltefolie dünn ausrollen und mit einem großen Glas oder einer Schüssel Kreise mit einem Durchmesser von mindestens 15 cm ausstechen. Auf die eine Seite der Teigfladen jeweils eine Portion Möhren-Linsen-Mus platzieren, dann die Teigfladen wie einen Halbmond zusammenklappen und die Ränder mit einer Gabel festdrücken. Die Teigfladen mit etwas Abstand auf 2 mit Backpapier belegten Blechen verteilen. Die Oberflächen der Taschen mit dem verquirlten Eigelb bestreichen.

Die Teigtaschen im heißen Backofen rund 15–20 Minuten backen. Die Bärlauchtaschen warm – zum Beispiel mit einem knackigen Frühlingssalat – servieren.

| MITTAGSSNACK
| GUT VORZUBEREITEN
| FÜR UNTERWEGS

Couscoussalat

MIT IM OFEN GESCHMORTEM SPARGEL UND KRÄUTERN

FÜR DEN COUSCOUS
200 g Couscous

½ TL Salz

½ TL Ahornsirup

½ TL Currypulver

FÜR DAS GEMÜSE
250 g grüner Spargel, in 1 cm langen Stücken

250 g weißer Spargel, in 1 cm langen Stücken

½ Bund Lauchzwiebeln, in feinen Ringen

1 Knoblauchzehe, fein gewürfelt

3 EL Olivenöl

1 EL heller Balsamicoessig

1 EL Ahornsirup

1 TL Salz

Pfeffer

AUSSERDEM
½ Bund Petersilie, fein geschnitten

Salz, Pfeffer

4 EL gemischte Nüsse und Kerne, geröstet (z. B. Hanfsamen, Walnusskerne, Kürbiskerne, Haselnüsse)

| 4 PERSONEN |

Den Couscous mit Salz, Ahornsirup und Currypulver in einen kleinen Kochtopf geben und 400 ml kochendes Wasser unter Rühren angießen. Den Couscous 10 Minuten quellen lassen, dabei immer wieder auflockern.

Den Backofen auf 150 °C (Umluft) vorheizen. Für das Gemüse Spargelstücke, Lauchzwiebeln, Knoblauch, Olivenöl, Balsamicoessig, Ahornsirup, Salz und etwas Pfeffer in eine gefettete Auflaufform geben und alle Zutaten vermischen. Im heißen Backofen rund 20–30 Minuten garen, dabei die Zutaten immer wieder vermengen.

Das Spargelgemüse samt Sud mit dem Couscous vermengen und lauwarm abkühlen lassen. Die Petersilie unterheben und den Salat mit Salz und Pfeffer abschmecken. Mit gerösteten Nüssen und Kernen bestreut servieren.

TIPP
Der Salat schmeckt lauwarm oder auch kalt. So lässt er sich als Mittagssnack im Glas verpackt auch gut mit zur Arbeit nehmen!

| SCHNELL GEMACHT
| GUT VORZUBEREITEN
| WÜRZIG

Gemüse-Pommes

AUS KOHLRABI UND MÖHREN MIT KRÄUTER-DIP

FÜR DIE POMMES

500 g Möhren, in Pommes-Stifte geschnitten

500 g Kohlrabi, in Pommes-Stifte geschnitten

Salz

2–3 EL Erdnuss- oder Sesamöl

½ TL Currypulver

1 TL Honig

FÜR DEN QUARK-DIP

250 g Quark (20 % Fett i.Tr.)

½ Bund Kräuter (Schnittlauch und Petersilie), fein geschnitten

Salz, Pfeffer

¼ TL geriebene Schale von 1 Bio-Zitrone

1 Spritzer Zitronensaft

ggf. ½ TL Honig

| 4 PERSONEN |

Den Backofen auf 150 ° C (Umluft) vorheizen. Möhren- und Kohlrabi-Pommes in einer großen Schale mischen, leicht salzen und mit einer Marinade aus Erdnussöl, Curry und Honig vermengen. Die Gemüsesticks auf einem mit Backpapier belegtem Blech ausbreiten und im heißen Backofen rund 25–30 Minuten rösten. Zwischendurch wenden, damit die Gemüsestücke alle gleichmäßig rösten und an der Oberfläche nicht zu dunkel werden.

Während der Garzeit aus Quark, Kräutern, Salz, Pfeffer, Zitronenabrieb und Zitronensaft einen Kräuterquark rühren und ihn ggf. noch mit etwas Honig abschmecken.

Die Gemüsesticks direkt aus dem Ofen zum Kräuterquark servieren und genießen.

TIPP

Die Gemüse-Pommes schmecken toll als vegetarischer Mittagssnack oder auch in Kombination mit Fleisch oder Fisch!

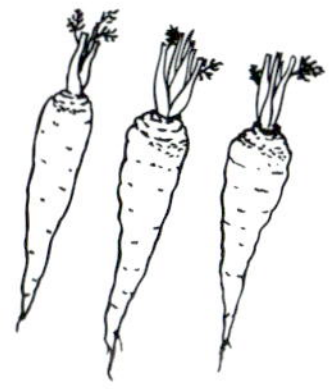

| ASIATISCH
| FRÜHLINGSFRISCH
| LEICHTE KÜCHE

Frühlingseintopf

MIT KOKOSMILCH UND HÄHNCHENBRUSTFILET

FÜR DEN EINTOPF

1 EL Sesamöl

1 Gemüsezwiebel, fein gewürfelt

250 ml Kokosmilch

400 ml Gemüsebrühe

1 Stück Ingwer (ca. 1–2 cm), fein gewürfelt

Chiliflocken nach Geschmack

500 g Hähnchenbrustfilet, in gleichmäßig großen Streifen

½ TL Salz

250 g Möhren, in sehr dünnen Scheiben

300 g Spargel, grün und weiß, längs in Stücken

200 g Spitzkohl, in Streifen

1 TL Ahornsirup

Salz, Pfeffer

2–3 EL Sesamsamen, geröstet

| 4 PERSONEN |

Sesamöl in einem großen Kochtopf erhitzen und die Zwiebelwürfel darin bei mittlerer Hitze glasig dünsten. Kokosmilch, Gemüsebrühe, Ingwer und nach Wunsch einige Chiliflocken hinzufügen und die Brühe zum Kochen bringen. Hähnchenbruststreifen salzen, hinzugeben und im geschlossenem Topf bei mittlerer Hitze 3 Minuten kochen lassen.

Möhren, Spargel und Spitzkohl ebenfalls in den Topf geben und weitere 10 Minuten im geschlossenen Topf bei mittlerer Hitze kochen lassen. Das Gemüse sollte eine bissfeste Konsistenz behalten.

Den Eintopf mit Ahornsirup, Salz und Pfeffer abschmecken und mit gerösteten Sesamsamen bestreut servieren.

TIPP

Wer mag, gibt noch eine angedrückte Zitronengrasstange mit in die Brühe. So bekommt die Suppe ein besonders frisches Aroma! Die Zitronengrasstange einfach kurz vor dem Servieren entfernen.

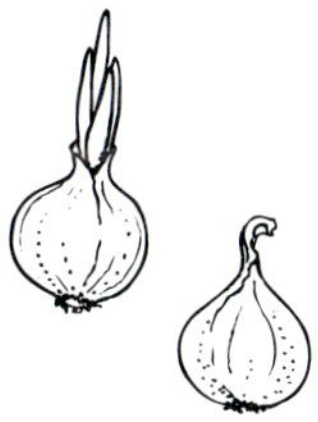

FRUCHTIG
VEGAN
KNALLROT

Bunter Frühlingssalat

MIT FRUCHTIGER ERDBEER-VINAIGRETTE

FÜR DAS DRESSING

200 g Erdbeeren

6 EL Olivenöl

3 EL heller Balsamicoessig

1 TL Senf

1 TL Ahornsirup

Salz, Pfeffer

FÜR DEN SALAT

150 g gemischte Pflücksalate

1 Handvoll Baby-Spinat

150 g Spitzkohl, in sehr feinen Streifen

2–3 Lauchzwiebeln, in feinen Ringen

2 Möhren, dünn gehobelt oder in feinen Scheiben

1 Bund Radieschen, in feinen Scheiben

1 Handvoll gemischte Sprossen nach Wahl

AUSSERDEM

4–6 EL gemischte Kerne, geröstet (z. B. Sonnenblumen- und Kürbiskerne)

200 g frische Erdbeeren, in Scheiben

4 PERSONEN

Zunächst das Dressing zubereiten. Dazu das Grün von den Erdbeeren wegschneiden und die fertig geputzten und gewaschenen Früchte in einen Mixer geben. Mit Olivenöl, Essig, Senf, Ahornsirup, etwas Salz und Pfeffer zu einem homogenen Dressing mixen.

Für den Salat eine große Schüssel bereitstellen und die gemischten Pflücksalate, den Baby-Spinat, den sehr fein geschnittenen Spitzkohl, die Lauchzwiebeln, die Möhren, Radieschen und Sprossen hineingeben und vorsichtig vermengen. Nach und nach etwas Dressing zugeben, sodass es sich langsam rund um die Zutaten verteilt. Den Salat 5–10 Minuten ziehen lassen, dann direkt auf Tellern anrichten und mit frischen Erdbeerscheiben und gerösteten Kernen servieren.

TIPP

Wer aus dem Salat eine ganze Mahlzeit machen möchte, serviert frisch gebratene Hähnchenbruststreifen dazu oder brät für eine vegetarische Variante kleine Pumpernickelbrösel kurz in etwas Olivenöl in der Pfanne an. Zusammen mit den Kernen über den Salat streuen und genießen!

| GLAS VOLL FRÜHLING
| WÜRZIG
| ERFRISCHEND

Würziger Smoothie

MIT RADIESCHEN, SPINAT UND APFEL

FÜR DEN SMOOTHIE
2 Handvoll Baby-Spinat
1 Handvoll Rucola
4–5 Blätter Radieschengrün
2 Äpfel, grün
150 g Gurke

| 2 GLÄSER |

Einen leistungsstarken Mixer oder Blender bereitstellen. Baby-Spinat, Rucola und Radieschenblätter hineingeben und auf mittlerer Stufe fein hacken. Äpfel mit der Schale vierteln, Gurke in grobe Scheiben schneiden und zugeben. 250 ml Wasser angießen und auf höchster Stufe in 30 Sekunden einen Smoothie mixen.

VARIATION
Wem die Farbe egal ist und wer noch etwas mehr Würze haben möchte, der gibt noch 2–3 ganze Radieschen mit in den Mixer!

TIPP: SAFT STATT SMOOTHIE
Wer einen klaren Saft erhalten möchte, der streicht den fertigen Smoothie einfach durch ein feines Sieb – zurück bleibt ein frühlingsfrischer Saft! Kleine Reste von Smoothies können übrigens auch super als Grundlage für ein Salatdressing verwendet werden. Einfach Öl, etwas Essig, Salz und Pfeffer zugeben und abschmecken.

| HINGUCKER FÜRS BUFFET
| FRISCH AUS DEM OFEN
| FÜR GÄSTE

Spargeltörtchen

MIT FETAKÄSE UND KRÄUTERN

FÜR DEN TEIG

100 g Dinkelkörner, frisch gemahlen

150 g Weizenmehl

1 knappen TL Salz

115 g kalte Butter, in kleinen Würfeln

FÜR DEN BELAG

400 g Fetakäse, fein gewürfelt

2 Knoblauchzehen, fein gewürfelt oder durch die Knoblauchpresse gepresst

1–2 Zwiebeln, sehr fein gewürfelt

2 TL getrocknete Kräuter (Basilikum, Oregano, Rosmarin, Thymian, Schnittlauch, Petersilie)

6 EL Olivenöl

Pfeffer

500 g Spargel, grün, von den hölzernen Enden befreit

1 Schüssel mit Eiswasser

1 Eigelb, verquirlt

AUSSERDEM

6 EL geröstete Kerne

| 4–6 PERSONEN |

Für den Teig zunächst die Dinkelkörner fein mahlen. Alternativ kann auch 100 g Dinkelvollkornmehl verwendet werden. Das frisch gemahlene Dinkelmehl mit Weizenmehl und Salz vermengen. Die Butter und 50 ml eiskaltes Wasser hinzufügen und innerhalb von 3 Minuten einen glatten Teig kneten. Den Teig zur Kugel formen und beiseitestellen.

Für den Käsebelag den Feta in eine Schüssel geben. Knoblauch, Zwiebelwürfel, Kräuter, Öl und etwas Pfeffer hinzugeben und alle Zutaten gut miteinander vermengen.

Den grünen Spargel je nach Qualität dünn schälen oder sonst auch gern mit der Schale verarbeiten. Die Spargelstangen längs in etwa ½–1 cm lange Stücke schneiden und sie in kochendem Salzwasser 3 Minuten blanchieren. Bei etwas dickeren Stangen sollte die Zeit auf 5 Minuten erhöht werden – oft ist grüner Spargel aber besonders dünn, sodass 3 Minuten genau hinkommen. Spargel aus dem kochenden Wasser nehmen und kurz in eine Schüssel mit Eiswasser geben. Spargelstücke abtropfen lassen, trocken tupfen und unter die Feta-Mischung heben.

Den Ofen auf 175 °C (Umluft) vorheizen. Den Dinkelteig zu 6 gleich großen Kugeln formen. Jede einzelne wird zwischen 2 Stücken Frischhaltefolie zu einem dünnen, rustikalen Kreis ausgerollt. Mittig jeweils 2–3 große Löffel Spargel-Käse-Mischung auf den Teigfladen verteilen, dabei einen 2 cm breiten Rand lassen. Dieser wird über die Füllung nach innen eingeklappt, sodass rundherum ein schöner Teigrand entsteht.

Die Törtchen nun vorsichtig auf ein mit Backpapier belegtes Blech setzen und die Teigränder mit dem verquirlten Eigelb einstreichen. Die Spargeltörtchen rund 25–30 Minuten im Ofen backen.

Die fertig gebackenen Mini-Törtchen noch warm mit gerösteten Kernen bestreut servieren.

| EDEL
| SONNTAGSESSEN
| AROMENREICH

Rotbarschfilet

MIT ZITRONE UND THYMIAN

FÜR DAS ZITRONEN-THYMIAN-ÖL

250–500 ml Sonnenblumenöl

½ Bund Thymianzweige

geriebene Schale von ½ Bio-Zitrone

1 kleine Bio-Zitrone, in Scheiben

FÜR DAS FILET

800–1000 g Rotbarschfilet

Salz

| 4 PERSONEN |

Für das aromatisierte Öl das Sonnenblumenöl in eine große, flache Auflaufform geben und es im Ofen auf 60 °C erwärmen. Thymian, Zitronenschale und -scheiben in das Öl geben und mindestens 60 Minuten bei Zimmertemperatur ziehen lassen.

Den Backofen auf 80 °C (Umluft) vorheizen. Den Fisch waschen, trocken tupfen und von beiden Seiten leicht salzen. Die Zitronenscheiben und Thymianzweige aus dem Öl entfernen. Die Filetstücke in das Öl legen, sodass sie knapp bedeckt sind. Im warmen Backofen je nach Dicke der Filetstücke etwa 20–30 Minuten garen. Die vergleichsweise lange Garzeit bei geringer Temperatur lohnt sich: So werden die Fischfilets besonders zart!

Die Fischfilets aus dem Öl nehmen, kurz abtropfen lassen und zu Kartoffelsalat, Knoblauch-Spaghetti oder einem leichten Frühlingssalat servieren.

TIPP

Anstelle von Rotbarschfilet kann für dieses Rezept auch wunderbar Lachsfilet verwendet werden!

| STULLENZEIT
| DELUXE-SNACK
| WÜRZIG

Frühlingsbaguette

MIT SCHINKEN-CHIPS

FÜR DEN SALAT

150 g Rucola

1 Bund Radieschen, in feinen Scheiben

2 Lauchzwiebeln, in sehr feinen Ringen

1 Bund gemischte Kräuter (Basilikum, Schnittlauch, Petersilie), fein geschnitten

FÜR DAS DRESSING

2 EL Oliven- oder Walnussöl

½ TL Honig

1 Spritzer Zitronensaft

Salz, Pfeffer

FÜR DIE SCHINKEN-CHIPS

150 g geräucherter Schinken (z. B. Knochenschinken), in dünnen Scheiben

AUSSERDEM

1 Ciabatta-Brot oder 1 großes Baguette

200 g Ziegenfrischkäse

4 EL Nüsse und Kerne, geröstet (z. B. Walnuss- und Kürbiskerne)

| 4 PERSONEN |

Für den Salat Rucola, Radieschen, Lauchzwiebeln und Kräuter vermengen. Aus Öl, Honig, Zitronensaft, Salz und Pfeffer ein Dressing mixen und unter den Salat heben, beiseitestellen und durchziehen lassen. Den Backofen auf 150 °C (Umluft) vorheizen.

Für die Schinken-Chips die Schinkenscheiben in feine Stücke zupfen und auf ein mit Backpapier belegtes Blech legen. Im Backofen rund 5–10 Minuten rösten.

Ein großes Baguette oder Ciabatta-Brot in 4 gleich große Stücke teilen und diese wie ein Brötchen längs aufschneiden. Die Schnittseiten mit Ziegenfrischkäse bestreichen. Jeweils die untere Baguettehälfte mit etwas Salat, gerösteten Nüssen und Kernen sowie einigen Schinken-Chips belegen. Die obere Baguette-Hälfte auflegen und genießen!

SOMMER

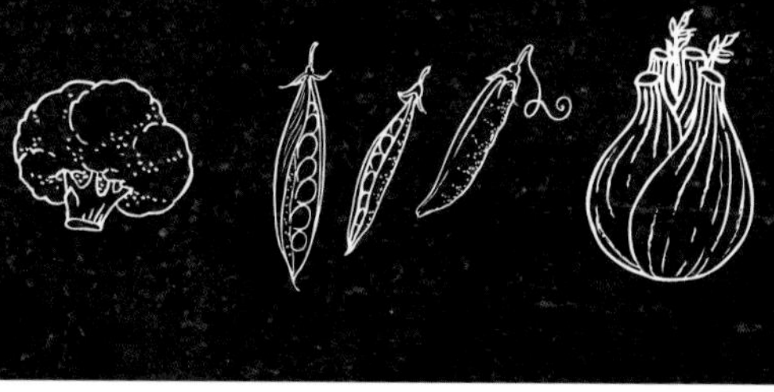

| VEGETARISCH
| STREETFOOD
| PIKANT

Sommerburger

MIT KICHERERBSEN UND GEBRATENEM GEMÜSE

FÜR DIE PATTIES

1 Zwiebel, fein gewürfelt

1 Knoblauchzehe, fein gewürfelt

400 g Kichererbsen (fertig zubereitet oder aus dem Glas), gewaschen und abgetropft

2 EL Ajvar (Paprika-Mus)

½ TL Salz

Pfeffer

2 EL Kichererbsenmehl

FÜR DAS GEMÜSE

1 Zucchini, in feinen Scheiben

1 Aubergine, in feinen Scheiben

Salz

4 EL Olivenöl

FÜR DEN TOMATEN-DIP

100 g getrocknete Tomaten, eingelegt in Öl (etwas abgetropft)

2 EL Tomatenmark

AUSSERDEM

4 Burger- oder Lieblingsbrötchen nach Wahl

200 g Frischkäse

½ Bund Petersilie, fein geschnitten

4 EL Pinienkerne, geröstet

| 4 PERSONEN |

Den Backofen auf 150 °C (Umluft) vorheizen. Für die Kichererbsen-Bratlinge Zwiebeln, Knoblauch, Kichererbsen, Ajvar, Salz und Pfeffer in einen Mixer geben und pürieren. Je nach Konsistenz noch 2 EL Kichererbsenmehl unterrühren, falls die Masse noch nicht fest genug ist. Es sollte ein feuchter Teig entstehen, der sich mit den Händen zu 4 Burger-Patties formen lässt. Diese auf einem mit Backpapier belegtem Backblech platzieren und im heißen Backofen rund 20 Minuten backen. Außen sollten die Patties nach dem Backen eine ganz leichte Kruste haben, innen aber noch saftig sein.

Für das Gemüse die Zucchini- und Auberginenscheiben salzen und 10 Minuten ziehen lassen. Das Öl in der Pfanne erhitzen und die Gemüsescheiben darin nacheinander ringsherum leicht braten.

Getrocknete Tomaten und Tomatenmark pürieren und die Tomaten-Paste beiseitestellen.

Die Burgerbrötchen halbieren, kurz in der Grillpfanne anrösten und beide Brötchenhälften mit Frischkäse bestreichen. Jeweils etwas Petersilie und einige Gemüsescheiben auf der unteren Brötchenhälfte platzieren. Das Kichererbsen-Pattie aufsetzen, etwas Tomaten-Paste darauf verstreichen und wieder mit Gemüsescheiben und Petersilie belegen. Zwischendurch einige geröstete Pinienkerne aufstreuen. Die obere Brötchenhälfte aufsetzen und den Burger noch warm genießen!

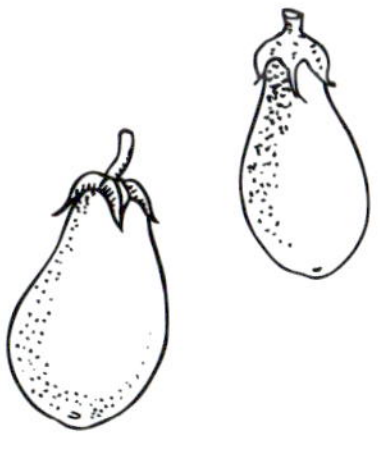

| VORSPEISE
| ERFRISCHEND
| SOMMER-HIT

Tomaten-Gazpacho

MIT FRUCHTIGER WASSERMELONE

FÜR DIE GAZPACHO

1 rote Zwiebel, geviertelt

1 Knoblauchzehe

500 g Tomaten, Strunk entfernt und geviertelt

500 g Wassermelone, in Würfeln

3–4 EL Olivenöl

½ TL Weißweinessig

½ TL Salz

Pfeffer

½ TL Honig

4 EL Pinienkerne, geröstet

| 4 PERSONEN |

Für die Zubereitung der kalten Tomatensuppe am besten einen Hochleistungsmixer verwenden. Zwiebelviertel, Knoblauchzehe, Tomatenstücke, Wassermelonenwürfel, Olivenöl, Weißweinessig, Salz, etwas Pfeffer und Honig in den Mixbehälter geben und auf höchster Stufe innerhalb von 10–15 Sekunden eine sämige Suppe mixen. Je nach gewünschter Temperatur sofort genießen oder zunächst 2 Stunden durchkühlen. Die Suppe mit gerösteten Pinienkernen bestreut servieren und als erfrischenden Snack genießen!

TIPP

In kleinen Gläsern serviert ist die Gazpacho auch eine tolle Vorspeise für den Grillabend mit Freunden! Wer mag, gibt noch einige Kräuter, wie zum Beispiel Basilikum, Thymian oder auch etwas Minze mit in die Suppe.

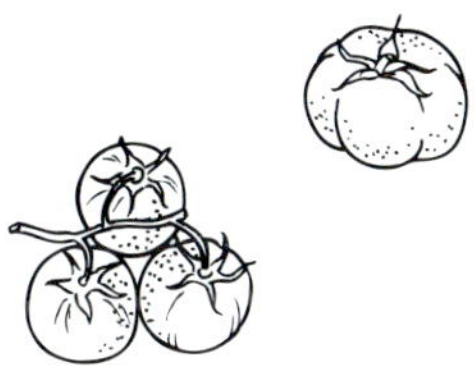

FRUCHTIG
GUT VORZUBEREITEN
AROMENREICH

Orient-Bulgursalat

MIT GETROCKNETEN FRÜCHTEN UND PISTAZIENKERNEN

FÜR DEN BULGUR
200 g Bulgur
2 EL Rosinen
2 EL Cranberrys
1 kleine Handvoll getrocknete Mangostücke
1 TL Ras-el-Hanout-Gewürzmischung
1 TL Honig
½ TL Salz

FÜR DEN SALAT
2 Lauchzwiebeln, in feinen Ringen
1 rote Paprika, fein gewürfelt
1 kleine Mango, in kleinen Würfeln oder Streifen
1 kleine Gurke, fein gewürfelt
½ Bund glatte Petersilie, fein geschnitten

FÜR DAS DRESSING
3 EL Olivenöl
1 TL Weißweinessig oder Saft von ½ Orange (für etwas Säure)
Salz, Pfeffer

AUSSERDEM
4 EL Pistazienkerne, geröstet

4 PERSONEN

Bulgur, Rosinen, Cranberrys, getrocknete Mangostücke, Ras-el-Hanout-Gewürzmischung, Honig und Salz in einen Topf geben. 400 ml Wasser hinzufügen, den Bulgur zum Kochen bringen und nach dem Aufkochen 10 Minuten quellen lassen. Zwischendurch mit einer Gabel auflockern, sodass die Körner nicht aneinanderkleben.

Den Bulgur lauwarm abkühlen lassen, dann Lauchzwiebeln, Paprika, Mango, Gurke und Petersilie unterheben. Den Salat mit Olivenöl, Essig oder Fruchtsaft, Salz und Pfeffer abschmecken und mit gerösteten Pistazienkernen bestreut servieren.

TIPP
Der Salat eignet sich toll als Beilage zu Fleisch oder Fisch, als Vorspeise oder auch als Partysalat für das Buffet!

| GUT VORZUBEREITEN
| BUFFET-LIEBLING
| WARM UND KALT

Couscoussalat

MIT IM OFEN GESCHMORTEN TOMATEN

FÜR DAS GEMÜSE
500 g kleine Kirschtomaten
1 Zwiebel, fein gewürfelt
1 Knoblauchzehe, fein gewürfelt
3 EL Olivenöl
1 EL Weißweinessig
1–2 EL Honig
1 TL getrocknete Kräuter (Basilikum, Thymian, Oregano)
½ TL Salz
Pfeffer

FÜR DEN COUSCOUS
1 TL getrocknete Kräuter (Basilikum, Thymian, Oregano)
1 TL Honig
½ TL Salz
200 g Couscous

| 4 PERSONEN |

Zunächst das Gemüse vorbereiten und den Backofen auf 150 °C (Umluft) vorheizen. Dazu die kleinen Kirschtomaten im Ganzen in eine gefettete Auflaufform legen. Zwiebel, Knoblauch, Olivenöl, Weißweinessig, Honig, getrocknete Kräuter, Salz und etwas Pfeffer hinzugeben und alle Zutaten gut vermengen. Im heißen Backofen rund 30–35 Minuten garen, bis die Tomaten schön weich sind und anfangen aufzuplatzen.

In der Zwischenzeit getrocknete Kräuter, Honig, Salz und Couscous in einen kleinen Topf geben und 350 ml kochendes Wasser angießen und den Couscous 10 Minuten quellen lassen, zwischendurch immer wieder auflockern.

Das Ofengemüse mit dem Couscous vermengen und wahlweise direkt warm servieren oder zunächst abkühlen lassen und den Salat kalt servieren.

TIPP
Zum kalten Salat schmeckt zum Beispiel ein frischer Joghurt-Minz-Dip mit etwas Sesam-Mus!

| FRUCHTIG
| ZU FISCH
| RAFFINIERT

Blumenkohlsalat

MIT MARINIERTEM FENCHEL UND BLAUBEEREN

FÜR DEN MARINIERTEN FENCHEL

1 Fenchelknolle, sehr dünn gehobelt

3 EL Olivenöl

1 TL Weißweinessig

2 EL Mangosaft

4 kleine Stücke getrocknete Mango, in feinen Streifen

½ TL Ahornsirup

Salz, Pfeffer

FÜR DAS BLUMENKOHL-GEMÜSE

1 Blumenkohl, mittelgroß bis groß

2 EL Olivenöl

Salz

AUSSERDEM

200 g Blaubeeren

4 EL Kürbiskerne, geröstet

| 4 PERSONEN |

2 Stunden vor dem Servieren des Salats den dünn gehobelten Fenchel mit Olivenöl, Essig, Mangosaft, Mangostücken, Ahornsirup sowie etwas Salz und Pfeffer vermengen, einmassieren und 1–2 Stunden marinieren lassen.

Der frische Blumenkohl wird in 2 Varianten zubereitet. Im ersten Schritt den Blumenkohl halbieren und zunächst einen Blumenkohl-Couscous zubereiten. Dazu die Röschen der einen Blumenkohlhälfte über der Reibe fein raspeln, sodass ein feiner Schnee, der Blumenkohl-Couscous, entsteht. Die Stiele in kleine Stücke schneiden und beides beiseitestellen.

Die zweite Blumenkohlhälfte in feine Röschen teilen und zu den bereits vorbereiteten Stielen geben. Olivenöl in einer tiefen Pfanne leicht erhitzen und die Blumenkohlröschen und -stiele darin bei geschlossenem Deckel mit etwas Salz bissfest dünsten. Dies dauert je nach Größe der Röschen etwa 5 Minuten. Anschließend lauwarm abkühlen lassen.

Den marinierten Fenchel mit der Marinade in eine große Salatschale geben. Blumenkohl-Couscous und die gedünsteten Blumenkohlröschen und -stücke sowie die Blaubeeren hinzugeben und alle Zutaten gründlich vermengen. Mit Kürbiskernen bestreut servieren.

| QUIETSCHGRÜN
| GUT VORZUBEREITEN
| LEICHTE KÜCHE

Erbsencremesuppe

MIT MINZE UND ZITRONE

FÜR DIE SUPPE

1 EL Butter

1 Zwiebel, fein gewürfelt

3 mittelgroße Kartoffeln, geschält und gewürfelt

500 g Erbsen (vorbereitet gewogen)

500 ml Gemüsebrühe

1 TL Salz

1 Prise Zucker

1–2 Zweige Minze, die Blätter verwenden

geriebene Schale von ½ Bio-Zitrone

Saft von ½ Bio-Zitrone

Salz, Pfeffer

4 EL griechischer Joghurt (10% Fett)

4 TL Pistazienkerne, geröstet

| 4 PERSONEN |

Die Butter in einem großen Topf erwärmen und die Zwiebelwürfel darin glasig dünsten. Kartoffeln und Erbsen hinzufügen, kurz mitdünsten und Gemüsebrühe angießen. Salz und Zucker hinzufügen und das Gemüse im geschlossenen Topf 15–20 Minuten kochen.

Minzblätter, Zitronenabrieb und -saft hinzufügen und die Suppe schön fein pürieren. Mit Salz und Pfeffer abschmecken und mit kleinen Joghurtklecksen und den gerösteten Pistazienkernen bestreut servieren.

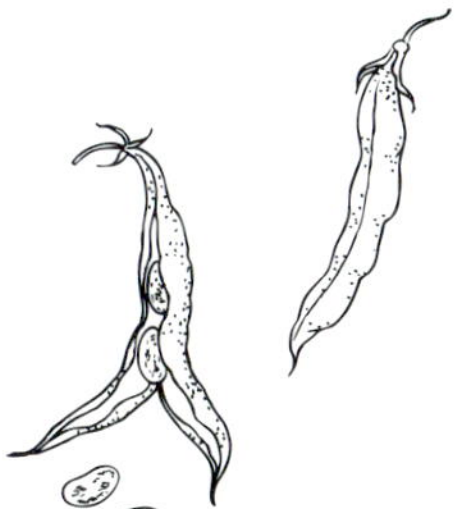

| KLASSIKER NEU INTERPRETIERT
| FÜR GÄSTE
| GUT VORZUBEREITEN

Shepherd's Pie

MIT SOMMERLICHEM GEMÜSE

FÜR DIE BOLOGNESE

1 Aubergine, fein gewürfelt

1 Zucchini, fein gewürfelt

Salz

2 EL Olivenöl

500 g Lammhackfleisch (alternativ Rinderhackfleisch)

Salz, Pfeffer

1 rote Zwiebel, fein gewürfelt

400 g Tomaten, fein gewürfelt

2 EL Tomatenmark

1 TL getrocknete Kräuter (Thymian, Oregano, Rosmarin, Basilikum)

1 TL Honig

Salz, Pfeffer

ggf. 1 Msp. Chiliflocken

FÜR DIE KARTOFFEL-HAUBE

800–1000 g mehligkochende Kartoffeln, fertig gekocht und gepellt

1 TL getrocknete Kräuter (Thymian, Oregano, Rosmarin, Basilikum)

1 EL weiche Butter

3 EL geriebener, kräftiger Käse nach Wahl

½ TL Salz

1 Handvoll Macadamianusskerne, geröstet und gesalzen, fein gehackt

| 4–6 PERSONEN |

Auberginen- und Zucchiniwürfel salzen und 10 Minuten in einer Schale ziehen lassen. Das Öl in einer tiefen Schmorpfanne erhitzen und das Hackfleisch darin rundherum krümelig anbraten und mit Salz und Pfeffer würzen. Zwiebelwürfel, Auberginen- und Zucchiniwürfel (ohne das Wasser aus der Schale), Tomaten, Tomatenmark, Kräuter und Honig zugeben, alle Zutaten vermengen und 15–20 Minuten bei kleiner bis mittlerer Hitze in der halb geschlossenen Pfanne kochen lassen, zwischendurch immer wieder umrühren. Die Hackfleisch-Gemüse-Mischung mit Salz, Pfeffer und ggf. einigen Chiliflocken abschmecken.

Die Gemüse-Bolognese in eine große Tarte- oder Auflaufform füllen und den Backofen auf 150 °C (Umluft) vorheizen. Die Kartoffeln durch die Presse drücken und gut mit Kräutern, Butter, Käse und Salz vermengen. Den Teig in kleinen Flöckchen auf der Gemüse-Bolognese verteilen und im Backofen rund 30 Minuten überbacken, bis der Kartoffelteig eine leichte Kruste hat. Kurz vor Ende der Backzeit die gerösteten und fein gehackten Macadamianusskerne über den Kuchen streuen und noch einige Minuten mit backen. Den Shepherd's Pie direkt warm aus dem Ofen servieren.

TIPP

Der irische Klassiker „Shepherd's Pie" ist ein Kuchen aus Hackfleisch mit einer Haube aus Kartoffelpüree und Käse. Diese Sommer-Variante ist mit allerhand leckerem Gemüse, Kräutern und feinen Macadamianusskernen gespickt. Ein echtes Wohlfühl-Essen fürs Sommerwochenende!

| VEGETARISCH
| FÜR WARME TAGE
| AROMENREICH

Gemüsetopf

MIT DATTELN, FEIGEN UND ZITRONEN-MINZ-DIP

FÜR DAS GEMÜSE

2 EL Olivenöl

1 rote Zwiebel, fein gewürfelt

2 Knoblauchzehen, fein gewürfelt

3 getrocknete Datteln, in sehr feinen Scheiben

2 getrocknete Feigen, in sehr feinen Scheiben

1 TL getrockneter Thymian

1 TL Ras-el-Hanout-Gewürzmischung

2 Auberginen, fein gewürfelt

1 Zucchini, fein gewürfelt

500 g Tomaten, fein gewürfelt

2 EL Tomatenmark

Chiliflocken

1 TL Salz

1 TL Honig

Salz, Pfeffer

FÜR DEN MINZ-DIP

200 g griechischer Joghurt

1 kleine Knoblauchzehe, sehr fein gewürfelt oder gerieben

1 Zweig Minze, die Blätter verwenden

1 Msp. Honig

1 Msp. Abrieb von 1 Bio-Zitrone

1 Spritzer Zitronensaft

Salz, Pfeffer

| 4 PERSONEN |

Das Olivenöl in einer tiefen Schmorpfanne erhitzen und die Zwiebel- und Knoblauchwürfel darin bei kleiner bis mittlerer Hitze andünsten. Datteln, Feigen, Thymian und Ras-el-Hanout-Gewürzmischung hinzufügen, alle Zutaten vermengen und kurz mitdünsten. Auberginenwürfel, Zucchinistücke, Tomaten, Tomatenmark, einige Chiliflocken nach Geschmack, Salz und Honig ebenfalls in die Pfanne geben, vermengen und das Gemüse in der halb geschlossenen Pfanne bei kleiner bis mittlerer Hitze rund 20 Minuten garen.

In der Zwischenzeit den Minz-Dip zubereiten. Dazu Joghurt, Knoblauch, fein geschnittene Minzblätter, Honig, Zitronenabrieb, Zitronensaft, Salz und Pfeffer gut verrühren.

Das gegarte Gemüse mit Salz und Pfeffer abschmecken und mit dem Minz-Dip und frisch gebackenem Fladenbrot servieren.

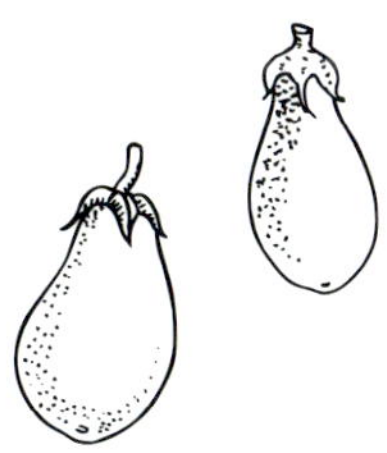

Sommerbowl

MIT FRÜCHTEN UND RAUCHMANDELN

FÜR DEN TOMATEN-FETA-SALAT

400 g kleine Kirschtomaten, halbiert

150 g Fetakäse, gewürfelt

1 Knoblauchzehe, fein gewürfelt

1 TL getrocknete Kräuter (Thymian, Oregano, Basilikum)

4 EL Olivenöl

FÜR DIE GERÖSTETEN PAPRIKASTREIFEN

2–3 Paprikaschoten, in Streifen

2 EL Olivenöl

½ TL Ahornsirup

½ TL Garam-Masala-Gewürzmischung

Salz

FÜR DEN BULGUR

150 g Bulgur

300 ml Gemüsebrühe

Salz

FÜR DEN BROKKOLI

1 EL Butter

500 g Brokkoliröschen

Salz, Zucker

AUSSERDEM

1 Handvoll frische Erbsen

1 Handvoll Himbeeren

1 Handvoll Blaubeeren

1 Handvoll Rauchmandeln, grob gehackt

| 4 PERSONEN |

Für den Salat Tomaten, Feta, Knoblauch, Kräuter und Olivenöl gut vermengen und durchziehen lassen.

Den Backofen auf 175 °C (Umluft) vorheizen. Die Paprikastreifen mit Olivenöl, Ahornsirup, Garam-Masala-Gewürzmischung und etwas Salz vermengen und auf einem mit Backpapier belegtem Backblech ausbreiten. Rund 20 Minuten im Backofen rösten, zwischendurch einmal wenden.

Den Bulgur mit der Gemüsebrühe und gegebenenfalls noch etwas Salz vermengen, zum Kochen bringen, kurz aufkochen und dann 10 Minuten quellen lassen.

Butter in einer großen Pfanne leicht erhitzen, Brokkoliröschen, etwas Salz und Zucker zugeben und die Röschen bei kleiner bis mittlerer Hitze im eigenen Saft und bei geschlossenem Deckel rund 5–10 Minuten dünsten.

Den Tomaten-Feta-Salat mit gerösteten Paprikastreifen, Bulgur, Brokkoli, Erbsen, Himbeeren, Blaubeeren und rauchigen Mandeln auf 4 Bowls (Schüsseln) verteilen und mit Olivenöl oder einem Kräuterquark-Dip servieren.

TIPP

Bowls vereinen warme und kalte Komponenten in einer Schüssel (engl. „bowl"). Kalte Früchte und knackige Rohkost dürfen genauso dabei sein, wie warmes Getreide, gedünstetes oder gebratenes Gemüse, Nüsse, Kerne oder Käse – eine Schüssel voller Leckereien!

| LEICHTE SOMMERSUPPE
| ZITRONIG-FRISCH
| VEGAN

Blumenkohlsuppe

MIT KOKOS-MANDEL-TOPPING

FÜR DIE SUPPE

1 EL Rapsöl

1 Zwiebel, fein gewürfelt

1 Knoblauchzehe, fein gewürfelt

1 Stückchen Ingwer, 2–3 cm, fein gewürfelt

250 g Sellerieknolle, gewürfelt

500 g Blumenkohl, in Röschen (Strunk auch verwenden)

500 ml Gemüsebrühe

150 ml Kokosmilch

1 TL Salz

250 g weiße Bohnen (küchenfertig)

Saft von ½ Bio-Zitrone

geriebene Schale von ½ Bio-Zitrone

Salz, Pfeffer

ggf. Chiliflocken nach Geschmack

AUSSERDEM

je 3 EL Kokos-Chips und gehackte Mandelkerne, geröstet

| 4 PERSONEN |

Das Öl in einem großen Kochtopf leicht erhitzen und die Zwiebel- und Knoblauchwürfel darin farblos dünsten. Ingwer hinzugeben und mitdünsten. Nach 2–3 Minuten die Selleriewürfel und Blumenkohlröschen hinzugeben, Gemüsebrühe und Kokosmilch angießen. Salz hinzufügen und die Suppe 20–25 Minuten bei kleiner bis mittlerer Hitze im geschlossenem Topf kochen lassen, zwischendurch umrühren.

Die Bohnen kurz vor Ende der Garzeit zugeben und 3 Minuten mitkochen lassen. Die Suppe je nach Geschmack grob bis fein pürieren und mit Zitronensaft, Zitronenabrieb, Salz und Pfeffer abschmecken. Wer gerne scharf isst, gibt noch einige Chiliflocken in die Suppe.

Die Blumenkohl-Bohnen-Suppe mit gerösteten Kokos-Chips und Mandelstücken bestreut servieren.

TIPP

Anstelle von Kokosmilch kann für die Suppe auch Mandelmilch (ohne Zuckerzusatz) verwendet werden!

| KUNTERBUNT
| KNACKIG & FRISCH
| HINGUCKER

Bunter Sommersalat

MIT FRÜCHTEN UND HIMBEER-BALSAMICO-DRESSING

FÜR DEN SALAT

500 g Brokkoliröschen

2 Lauchzwiebeln, in feinen Ringen

200 g Gurke, in kleinen Würfeln

250 g Kirschtomaten, halbiert oder geviertelt

1 gelbe Paprika, in kleinen Würfeln

1 kleines Bund Radieschen, in feinen Scheiben

½ Bund glatte Petersilie, fein gehackt

1 Handvoll frische Erbsen

1 Handvoll frische Blaubeeren

1 Handvoll frische Himbeeren

FÜR DAS DRESSING

250 g Himbeeren, püriert und durch ein Sieb gestrichen

4 EL Olivenöl

2 EL dunkler Balsamicoessig

1 TL Ahornsirup oder Honig

Salz, Pfeffer

AUSSERDEM

4 EL Walnusskerne, geröstet

4 EL Pinienkerne, geröstet

| 4–6 PERSONEN |

Die Brokkoliröschen sehr fein schneiden, sodass ein gröberer Brokkoli-Couscous entsteht. Die feinen Brokkolistücke in eine große Salatschale geben. Lauchzwiebelringe, Gurkenwürfel, Tomatenstücke, Paprikawürfel, Radieschenscheiben, Petersilie, Erbsen, Blaubeeren und Himbeeren zugeben und alle Zutaten vorsichtig vermengen. Gegebenenfalls einige Blaubeeren und Himbeeren zum Anrichten zurückbehalten.

Für das Dressing das Himbeermus mit Öl, Essig und Ahornsirup vermengen und mit Salz und Pfeffer abschmecken. Das Dressing mit dem Salat mischen und 10 Minuten durchziehen lassen.

Den Salat mit gerösteten Walnüssen und Pinienkernen bestreut servieren und bestenfalls draußen an einem schönen Plätzchen in der Sonne genießen!

TIPP

Wer aus dem bunten Sommersalat eine Hauptspeise machen möchte, serviert gegrillte Hähnchenbrustfilets, gedünsteten Fisch oder die Kichererbsen-Bratlinge aus dem Sommerburger-Rezept (Seite 69) zum Salat!

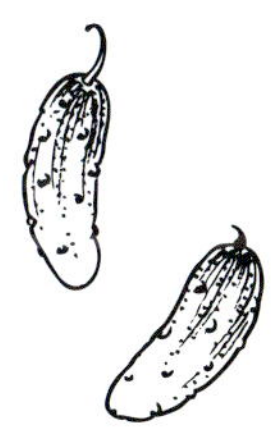

| RAFFINIERT
| AROMENREICH
| WÜRZIG

Pasta mit Mangoldpesto

UND MARINIERTEN STIELEN

FÜR DAS PESTO

100 g Mangoldblätter, vorbereitet gewogen, die Stiele herausgeschnitten

50 g Pinienkerne, geröstet

50 g Walnusskerne, geröstet

100 g Olivenöl

1 Knoblauchzehe

1 Spritzer Zitronensaft

geriebene Schale von ¼ Bio-Zitrone

½ TL Honig

Salz

FÜR DIE MARINIERTEN STIELE

bunte Stiele vom Mangold (s. o.), in feinen Streifen

Saft von ½ Orange

Blätter von 1 Zweig Estragon, fein geschnitten

1 TL Honig

2 EL Olivenöl

Salz, Pfeffer

AUSSERDEM

400 g Tagliatelle

Gemüsebrühe

Salz

| 4 PERSONEN |

Für das Pesto die Mangoldblätter gründlich waschen, trocken tupfen und im Mixer fein hacken. Pinienkerne, Walnusskerne, Olivenöl, Knoblauch, Zitronensaft und -abrieb, Honig und etwas Salz hinzugeben und ein grobes bis feines Pesto mixen. Abschmecken und gegebenenfalls noch etwas Salz hinzufügen.

Die bunten Mangoldstiele mit Orangensaft, Estragonblättern, Honig, Olivenöl, Salz und Pfeffer vermengen und etwas durchziehen lassen.

Tagliatelle nach Möglichkeit nicht in Wasser, sondern in einer leichten Gemüsebrühe mit etwas Salz kochen, so werden sie besonders aromatisch! Die Nudeln abgießen und direkt mit dem Pesto vermengen. Die Mangoldpasta auf Tellern anrichten und zusammen mit den marinierten Stielen servieren.

TIPP

Sollte Pesto übrig bleiben, einfach als Brotaufstrich oder als Würzpaste für Couscous, Bulgur oder Quinoa verwenden.

| SOMMERLICH-LEICHT
| VEGETARISCH
| ZITRONIG-FRISCH

Cremige Polenta

MIT GRÜNEM SOMMERGEMÜSE

FÜR DEN POLENTA-BREI
1 Liter Gemüsebrühe
200 g Maisgrieß (Polenta)
Salz
3 EL geriebener Parmesankäse oder kräftiger Bergkäse

FÜR DAS GEMÜSE
2 EL Butter
1 Zwiebel, fein gewürfelt
500 g Brokkoliröschen
1 Fenchelknolle, in feinen Streifen
150 g Erbsen, frisch
200 g Kaiserschoten, in Streifen
½ TL Honig
Salz
Abrieb von ½ Bio-Zitrone
1 Spritzer Zitronensaft
Pfeffer
4 EL Pinienkerne, geröstet

| 4 PERSONEN |

Für den Polentabrei die Gemüsebrühe aufkochen, Maisgrieß unter ständigem Rühren einstreuen und zum Kochen bringen. Je nach dem Salzgehalt der Brühe den Brei noch etwas nachsalzen und rund 5–10 Minuten köcheln lassen, dabei immer wieder umrühren, der Brei setzt sehr schnell am Topfboden an!

Parallel dazu das Gemüse zubereiten. Dazu die Butter in einer tiefen Schmorpfanne erhitzen und die Zwiebeln, die Brokkoliröschen, den Fenchel, die Erbsen und die Kaiserschoten darin kurz anbraten, die Hitze anschließend etwas reduzieren. Honig und Salz hinzufügen und das Gemüse in der geschlossenen Pfanne bei kleiner bis mittlerer Hitze 5–10 Minuten dünsten. Anschließend Zitronenabrieb und -saft sowie etwas Pfeffer hinzufügen und das Gemüse abschmecken.

Den Käse unter den Polentabrei heben und kurz schmelzen lassen. Den Polentabrei zusammen mit dem Sommergemüse auf Tellern anrichten und mit gerösteten Pinienkernen bestreut servieren.

TIPP
Polentabrei zieht sehr stark nach. Sollte der Brei zu schnell fest werden, einfach noch etwas Gemüsebrühe hinzugeben.

| HOMEMADE
| RAUCHIG
| FRUCHTIG

BBQ-Ketchup

MIT LEICHTEM RAUCHAROMA

FÜR DEN KETCHUP

2 EL Olivenöl

3 rote Zwiebeln, fein gewürfelt

1 Knoblauchzehe, fein gewürfelt

1½ kg Tomaten, klein gewürfelt, entkernt

1 TL Currypulver

1 TL Paprikagewürz, geräuchert

1 Msp. Kreuzkümmel

100 g brauner Zucker

75 ml Weißweinessig

100 g geräucherter Schinkenspeck

Salz, Pfeffer

Chiliflocken

| 3 GLÄSER KETCHUP |

Das Olivenöl in einem großen, hohen Kochtopf erhitzen und die Zwiebel- und Knoblauchwürfel darin kurz anbraten. Hitze reduzieren und Tomaten, Currypulver, Paprikagewürz, Kreuzkümmel, Zucker und Weißweinessig hinzufügen und alle Zutaten gut vermengen. Die Tomatenmasse unter Rühren zum Kochen bringen.

Den Schinkenspeck in 2–3 Stücke teilen und mit in den Topf legen. Die Stücke werden nach dem Einkochen wieder entfernt und sorgen lediglich für ein wenig rauchigen Geschmack. Den Ketchup bei kleiner bis mittlerer Hitze im halb geschlossenen Topf etwa 20 Minuten kochen lassen, zwischendurch immer wieder umrühren.

Den Ketchup mit Salz, Pfeffer und gegebenenfalls einigen Chiliflocken abschmecken. Den Schinkenspeck entfernen und den Ketchup noch kochend heiß in sterile Gläser abfüllen und diese gut verschließen. Der Ketchup hält sich im Kühlschrank aufbewahrt rund 2–4 Wochen.

TIPP

Den selbst gemachten Ketchup hübsch verpacken und als Mitbringsel mit zum Grillen zu Freunden nehmen – eine schöne Geschenkidee aus der Küche!

| PARTY-HIT
| GENIESSEN MIT FREUNDEN
| ERFRISCHEND

Gurken-Gin-Slushy

MIT INGWER UND MINZE

FÜR DAS SLUSHY

2 große Gurken, in Scheiben

2 grüne Äpfel mit Schale, in Würfeln

1 Stückchen Ingwer, ca. 2–3 cm

2 Zweige frische Minze, die Blätter verwenden

Saft von ½ Bio-Zitrone

geriebene Schale von ½ Bio-Zitrone

50 g Agavendicksaft

70 ml Gin

ggf. Agavendicksaft und Zitronensaft zum Abschmecken

1 Handvoll Minzblätter zum Anrichten

| 6–8 PERSONEN |
(je nach gewünschter Portionsgröße)

Das Slushy muss aufgrund der Kühlzeit mindestens 6 Stunden vor dem Verzehr vorbereitet werden! Dazu Gurkenscheiben, Apfelwürfel, Ingwer, Minzblätter, Zitronensaft und -abrieb und Agavendicksaft in den Mixbehälter eines Hochleistungsmixers geben und innerhalb von 30 Sekunden auf höchster Stufe zu einem feinen Smoothie mixen. Durch ein Sieb streichen und den Saft auffangen. Den Saft auf 2–4 Eiswürfelbehälter (je nach Anzahl der Würfel) verteilen und rund 6 Stunden im Gefrierfach lassen.

Die hellgrünen Eiswürfel kurz vor dem Servieren aus den Formen drücken. In den Mixer geben, Gin zugießen und auf höchster Stufe innerhalb von 15 Sekunden ein Eis mixen. Abschmecken und je nach gewünschtem Geschmack noch etwas Agavendicksaft oder Zitronensaft zugeben und nochmals mixen. Auf kleine Gläser verteilen, mit frischen Minzblättern garnieren und servieren.

HERBST

| RAFFINIERT
| FRUCHTIG
| PIKANT

Herbstburger

MIT KÜRBIS-FENCHEL-GEMÜSE UND SESAM

FÜR DAS GEMÜSE

1 kleiner Bio-Hokkaidokürbis (ca. 500 g)

Salz

2 EL Sesamöl

2 EL Sesamsamen

1 Zwiebel, in dünnen Scheiben

1 Fenchelknolle, dünn gehobelt

2 rote Äpfel, in kleinen Würfeln oder Scheiben

1 Prise Chiliflocken

Saft von ½ Orange

1 TL Reisessig

Salz, Pfeffer

FÜR DIE PATTIES

500g Rinderhackfleisch

1 gestr. TL Salz

Pfeffer

1 TL Senf

1 Zwiebel, fein gewürfelt

2 EL Rapsöl

AUSSERDEM

4 Burger- oder Lieblingsbrötchen nach Wahl

200 g Frischkäse

100 g Feldsalat

4 EL Chutney (zum Beispiel das Gelbe-Bete-Chutney von S. 143)

| 4 PERSONEN |

Für das Gemüse den Kürbis heiß abwaschen, trocken tupfen und halbieren. Aus beiden Hälften die Kerne und das faserige Fruchtfleisch am Rand herauslösen. Das Kürbisfleisch mit der Schale in sehr dünne Scheiben hobeln und leicht salzen.

Das Sesamöl in einer tiefen Pfanne erhitzen und die Kürbisscheiben, Sesamsamen, Zwiebelscheiben, Fenchelhobel und Apfelscheiben darin kurz anbraten. Hitze etwas reduzieren und Honig, Chiliflocken, Orangensaft und Reisessig zugeben und das Gemüse in der geschlossenen Pfanne bei mittlerer Hitze 5 Minuten dünsten. Mit Salz und Pfeffer abschmecken und beiseitestellen.

Für die Burger-Patties das Rinderhackfleisch mit Salz, Pfeffer, Senf und Zwiebelwürfeln gut vermengen und 4 Patties formen. Das Rapsöl in einer Grillpfanne erhitzen und die Patties von beiden Seiten scharf anbraten. Weitere 5 Minuten bei mittlerer Hitze bis zum gewünschten Punkt (medium, well-done etc.) garen.

Die Burgerbrötchen halbieren, kurz in der Grillpfanne anrösten und beide Brötchenhälften mit Frischkäse bestreichen. Jeweils etwas Feldsalat und Kürbis-Fenchel-Gemüse auf der unteren Seite der Brötchen verteilen. Darauf das Rindfleischpattie setzen, etwas Chutney darauf verteilen und je nach gewünschter Höhe der Burger noch etwas Gemüse und Salat auf das Fleisch geben, bevor die obere Brötchenhälfte aufgesetzt wird.

TIPP

Anstelle von Feldsalat können auch kleine Baby-Spinat-Blätter verwendet werden. Sollte Gemüse übrig bleiben, einfach als Basis für einen leckeren Herbstsalat verwenden!

| NUSSIG
| GUT VORZUBEREITEN
| FRUCHTIG

Selleriesalat

MIT ÄPFELN UND WALNUSSKERNEN

FÜR DEN SALAT

1 kleiner Knollensellerie (600–1000 g)

2 rote Äpfel, fein gewürfelt

2–3 Möhren, in sehr feinen Scheiben oder längs dünn gehobelt

3 Lauchzwiebeln, in sehr feinen Ringen

½ Bund Petersilie, fein geschnitten

2 Handvoll Walnusskerne, geröstet

Salz

FÜR DAS DRESSING

3 EL Walnussöl

1 EL Weißweinessig oder Apfelbalsam

½ TL Senf

½ TL Ahornsirup

Salz, Pfeffer

| 4–6 PERSONEN |

Den Knollensellerie samt Schale im geschlossenen Topf in kochendem Salzwasser je nach Dicke 30–40 Minuten noch leicht bissfest garen. Lauwarm abkühlen lassen, schälen und in kleine, mundgerechte Würfel schneiden.

Die Selleriewürfel zusammen mit Apfelwürfeln, Möhrenscheiben, Lauchzwiebeln, Petersilie und Walnusskernen in eine große Salatschale geben und leicht salzen.

Aus Walnussöl, Weißweinessig, Senf, Ahornsirup, etwas Salz und Pfeffer ein Dressing mixen und es unter die Salatzutaten heben. Den Salat mindestens 30 Minuten durchziehen lassen, mit Salz und Pfeffer abschmecken und als Beilage zu Fisch, Fleisch oder als vegetarisches Gericht mit Getreidebratlingen servieren.

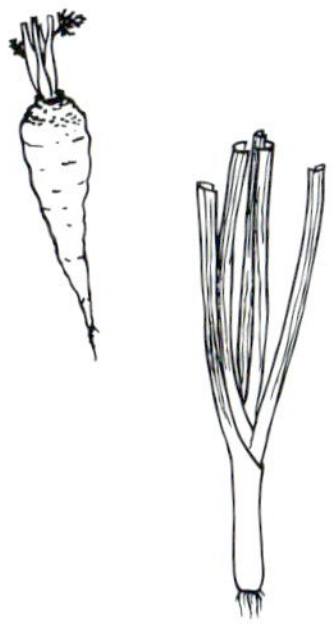

| SCHNELL GEMACHT
| DREI IN EINS
| GEWÜRZVIELFALT

Kartoffelpommes

DREIERLEI AUS DEM OFEN

FÜR DIE POMMES

1–1½ kg Kartoffeln (festkochend), geschält

Salz

FÜR DIE ERDNUSS-CURRY-MARINADE

4 EL Erdnussöl

1 TL Currypulver

½ TL Kurkumapulver

1 TL Honig oder Ahornsirup

FÜR DIE SMOKED-PAPRIKA-MARINADE

4 EL Rapsöl

1–2 TL geräuchertes Paprikagewürz

1 TL Honig oder Ahornsirup

ggf. 1 Msp. Chiliflocken

FÜR DIE ROSMARIN-THYMIAN-BASILIKUM-MARINADE

4 EL Olivenöl

1 TL Basilikum, getrocknet

1 TL Rosmarin, getrocknet

1 TL Thymian, getrocknet

1 TL Honig

| 4 PERSONEN |

Die Kartoffeln in möglichst gleichmäßig große Stifte schneiden und rundherum leicht salzen. Die Kartoffelstifte in 3 gleich große Portionen aufteilen.

Den Backofen auf 180 °C (Umluft) vorheizen. Aus den angegebenen Zutaten 3 Marinaden rühren und die Kartoffelportionen darin wälzen. Jeweils auf einem mit Backpapier belegtem Blech verteilen und im Ofen rund 30 Minuten backen, zwischendurch 1–2-mal wenden, damit sie schön knusprig werden. Als Beilage zu Fleisch, Salat oder auch zu Fisch servieren.

TIPP

Neben Kartoffelstiften können zusätzlich auch Stifte von Pastinaken, Petersilienwurzeln oder Süßkartoffeln in den Marinaden gewälzt und gebacken werden!

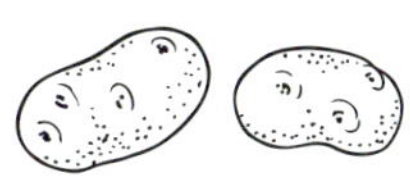

| SCHNELL GEMACHT
| SEELENFUTTER
| CRUNCHY

One Pot Pasta

MIT BUNTEN MÖHREN, PILZEN UND CREMIGER ERDNUSS-SOSSE

FÜR DIE ONE POT PASTA
250 g Fusilli

1 Stange Lauch, in dünnen Ringen

250 g bunte Möhren, in Scheiben

150 g Pilze (Champignons, Steinpilze, Kräuterseitlinge), je nach Größe halbiert oder in Scheiben geschnitten

2 TL Erdnussbutter, crunchy

200 ml Kokosmilch

250 ml Gemüsebrühe

½ TL Salz

Pfeffer

AUSSERDEM
4 EL Erdnusskerne, geröstet und gesalzen

| 2–3 PERSONEN |

Fusilli, Lauchringe, Möhrenscheiben, Pilze, Erdnussbutter, Kokosmilch, Gemüsebrühe und Salz in einen großen Kochtopf geben und alle Zutaten gut vermengen. Unter ständigem Rühren zum Kochen bringen.

Die One Pot Pasta bei mittlerer Hitze und geschlossenem Deckel 10–12 Minuten kochen lassen, dabei immer wieder umrühren. Sollte die Flüssigkeit zu früh knapp werden, einfach noch etwas Gemüsebrühe nachgießen.

Die Pasta mit Salz und Pfeffer abschmecken und mit gerösteten und gesalzenen Erdnusskernen bestreut servieren.

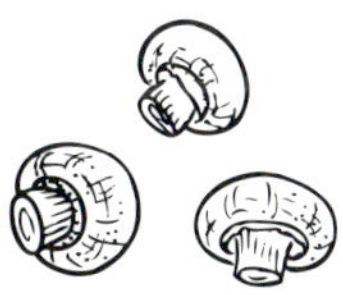

| PARTYSNACK
| FRISCH AUS DEM OFEN
| LAUWARM GENIESSEN

Butternut-Focaccia

MIT GERÖSTETEN HANFSAMEN UND KÜRBISKERNEN

FÜR DAS KÜRBISMUS

300 g Butternut-Kürbis, gewürfelt

½ TL Salz

1 TL Butter

FÜR DEN TEIG

650 g Weizenmehl, Type 505

1½ TL Salz

1 TL Honig

4 EL Butter, weich

½ Würfel Hefe

150 ml Mandelmilch, lauwarm

je 1 große Handvoll Kürbiskerne und Hanfsamen, geröstet

| 1 GROSSE FOCACCIA |
(ca. 750 g)

Für das Butternut-Mus die Kürbiswürfel mit dem Salz, einem Stich Butter und etwas Wasser (50–100 ml) in einen Kochtopf geben und auf mittlerer Stufe erhitzen. Im geschlossenen Topf bei kleiner bis mittlerer Hitze rund 15 Minuten dünsten, bis die Kürbiswürfel weich sind. Wasser abgießen und die Kürbiswürfel fein pürieren. Das Mus beiseitestellen und etwas abkühlen lassen.

Für den Teig Weizenmehl, Salz, Honig und Butter in eine große Schüssel geben und vermengen. Hefe in die lauwarme Mandelmilch bröckeln und unter Rühren darin auflösen. Hefe-Milch, Kürbismus und die Hälfte der gerösteten Kerne zum Mehlgemisch geben und einen glatten Teig kneten. Sollte er zu flüssig sein – je nach Konsistenz des Kürbismuses kann das passieren – einfach noch etwas Mehl hinzugeben, bis sich der Teig mit bemehlten Händen gut zur Kugel formen lässt. An einem warmen Ort abgedeckt mindestens 45 Minuten gehen lassen, bis sich der Teig sichtbar vergrößert hat.

Den Backofen auf 170 °C (Umluft) vorheizen und eine Tasse mit heißem Wasser auf dem Boden des Ofens platzieren. Den Teig nochmals gut durchkneten und zu einem leicht ovalen Teigfladen formen und ihn auf ein mit Backpapier belegtes Blech setzen. Mit der Stielseite eines Holzlöffels kleine Mulden in den Teig drücken. Die Teigoberfläche mit der restlichen Butter (am besten kurz erwärmen) bestreichen und mit den übrigen gerösteten Kernen und Samen bestreuen. Die Focaccia im heißen Backofen rund 25 Minuten backen. Die Focaccia noch warm mit etwas Salz bestreuen und direkt mit Butter oder Frischkäse servieren.

| RAFFINIERT
| FRUCHTIG
| EDEL

Kartoffelcremesuppe

MIT WEISSWEIN UND APFEL-WALNUSS-TOPPING

FÜR DIE SUPPE
1 EL Butter
1 Zwiebel, fein gewürfelt
1 Knoblauchzehe, fein gewürfelt
1 Stange Lauch, in feinen Ringen
1 Msp. Chiliflocken
750 g Kartoffeln (mehligkochend), geschält und gewürfelt
150 g Sellerie, gewürfelt
800 ml Gemüsebrühe
50 ml Weißwein, trocken
1 TL Salz
3 EL Schmand
Pfeffer
ggf. 1 TL Honig

FÜR DAS APFEL-WALNUSS-TOPPING
2 EL Butter
2 rote Äpfel, fein gewürfelt
2 Handvoll Walnusskerne, grob gehackt
1 TL Honig
1 TL getrockneter Thymian

AUSSERDEM
4–6 EL griechischer Joghurt

| 4 PERSONEN |

Die Butter in einem großen Kochtopf erhitzen und Zwiebeln, Knoblauch, Lauch und Chiliflocken darin bei mittlerer Hitze andünsten. Kartoffeln und Sellerie zugeben und kurz mitdünsten. Gemüsebrühe, Wein und Salz zufügen und die Suppe unter Rühren zum Kochen bringen. Im geschlossenen Topf bei mittlerer Hitze 20 Minuten kochen, bis das Gemüse weich gegart ist.

In der Zwischenzeit für das Apfel-Walnuss-Topping die Butter in einer Pfanne erhitzen und die Apfelstücke und Walnusskerne darin bei mittlerer Hitze kurz schwenken. Die Äpfel 2–3 Minuten weich dünsten, dann Honig und Thymian zugeben, den Honig leicht karamellisieren lassen und das Apfel-Walnuss-Topping von der Platte nehmen.

Den Schmand in die Suppe geben und alle Zutaten fein pürieren. Die Kartoffelcremesuppe mit Salz, Pfeffer und gegebenenfalls etwas Honig abschmecken. Die Suppe in Schalen anrichten und jeweils zusammen mit einem Klecks griechischem Joghurt und dem Apfel-Walnuss-Topping servieren.

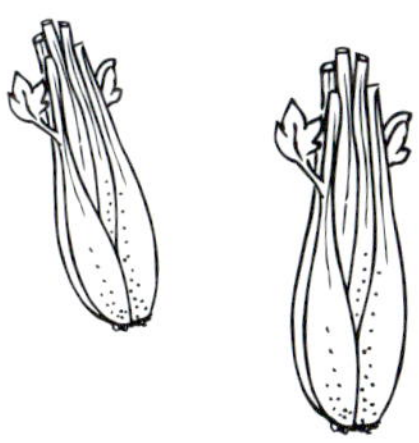

| KLASSIKER FÜR ZU HAUSE
| ESSEN MIT FREUNDEN
| PARTY-HIT

Hausgemachter Lahmacun

MIT BUNTEM KRAUTSALAT

FÜR DEN HEFETEIG

500 g Weizenmehl

1 TL Salz

2 EL Olivenöl

½ Würfel Hefe

1 TL Zucker

FÜR DIE HACKFLEISCH-PASTE

400 g Rinderhackfleisch

1 Zwiebel, fein gewürfelt

2 Knoblauchzehen, fein gewürfelt

300 g Tomaten, sehr fein gewürfelt (entkernt, vorbereitet gewogen)

3 EL Tomatenmark

1 TL Honig

Chiliflocken nach Geschmack

Salz, Pfeffer

FÜR DEN SALAT

200 g Weißkohl und 200 g Rotkohl, in feinen Streifen

150 g Gurke, fein gewürfelt

1 Schalotte, fein gewürfelt

3 EL Olivenöl

1 ½ EL Weißweinessig

1 TL Senf, 1 TL Honig

Salz, Pfeffer

FÜR DEN KÄSE

200 g Fetakäse

1 TL italienische Kräuter, getrocknet

4 EL Olivenöl

| 4–6 PERSONEN |

Für die Teigfladen das Mehl mit Salz und Olivenöl in einer großen Schüssel vermengen. Die Hefe in 300 ml lauwarmes Wasser bröckeln und Zucker hinzufügen. Unter Rühren auflösen und die Hefe-Mischung zum Mehl geben. Innerhalb von 3–5 Minuten einen glatten Teig kneten, zur Kugel formen und abgedeckt an einem warmen Ort mindestens 45 Minuten gehen lassen, bis sich der Teig sichtbar vergrößert hat.

In der Zwischenzeit Hackfleisch mit Zwiebeln, Knoblauch, Tomaten, Tomatenmark, Honig, Chiliflocken, Salz und Pfeffer vermengen und bis zur weiteren Verarbeitung kühl stellen.

Weißkohl- und Rotkohlstreifen, Gurken- und Schalottenwürfel mit Olivenöl, Weißweinessig, Senf, Honig, Salz und Pfeffer vermengen und das Dressing gut in den Kohl „einmassieren", so bekommt er eine angenehme, weichere Konsistenz. Fetakäse mit Kräutern und Olivenöl vermengen und beiseitestellen.

Den Backofen auf 200 °C (Umluft) vorheizen und auf dem Boden eine Tasse mit Wasser platzieren. Den Hefeteig durchkneten und in 4–6 Portionen teilen. Hauchdünne Fladen ausrollen und jeweils auf ein großes Stück Backpapier setzen. Mit der Tomaten-Hackfleisch-Masse bestreichen und im vorgeheizten Backofen jeweils 4–8 Minuten (je nach Dicke und Menge des Belags) backen. Jeder Ofen backt unterschiedlich, daher unbedingt zwischendurch schauen, dass der Teig nicht zu dunkel wird.

Die Teigfladen direkt nach dem Backen mit Salat, Fetakäse und ggf. dem Knoblauch-Dip belegen. Die Fladen zusammenrollen, feststecken und halbieren. Sofort servieren und genießen!

TIPP

Aus 200 g griechischem Joghurt, einer Knoblauchzehe, einem Spritzer Zitronensaft, ½ Teelöffel Honig, Salz und Pfeffer einen Knoblauch-Joghurt-Dip rühren und zum Lahmacun servieren!

| PIKANT
| GUT VORZUBEREITEN
| WÜRZIG

Wohlfühl-Pasta

MIT ZWIEBEL-TOMATEN-CHUTNEY UND FETA

FÜR DAS ZWIEBEL-TOMATEN-CHUTNEY

750 g rote Zwiebeln, gewürfelt

1 Knoblauchzehe, fein gewürfelt

50 g getrocknete Tomaten, fein gewürfelt

1 Msp. Chiliflocken

½ TL getrockneter Thymian

50 g Muscovado-Zucker (alternativ: brauner Zucker)

50 ml dunkler Balsamicoessig

75 ml Rotwein, trocken

75 g Tomatenmark

Salz, Pfeffer

AUSSERDEM

500 g Penne rigate

150 g Fetakäse, fein gebröckelt

4 EL Pinienkerne oder Kürbiskerne, geröstet

| 4 PERSONEN |

Zwiebeln, Knoblauch, getrocknete Tomaten, Chiliflocken, Thymian, Muscovado-Zucker, Essig, Rotwein und Tomatenmark in einen großen Kochtopf geben. Die Mischung unter Rühren zum Kochen bringen. Das Zwiebel-Tomaten-Chutney bei mittlerer Hitze im halb geschlossenen Topf 20 Minuten kochen lassen, dabei immer wieder umrühren. Nach Ende der Garzeit das Chutney mit Salz und Pfeffer abschmecken und warm stellen.

Die Nudeln in kochendem Salzwasser oder Gemüsebrühe 8–10 Minuten garen und anschließend abgießen. Direkt mit der gewünschten Menge Zwiebel-Tomaten-Chutney vermengen und auf Tellern anrichten. Fetakäse und geröstete Kerne über die Nudeln streuen und direkt servieren.

TIPP

Sollte etwas Chutney übrig bleiben, einfach in ein Glas abfüllen, gut verschließen und in den nächsten Tagen als Brotaufstrich oder als Dip zu Fleisch, Käse oder auch zum Belegen selbst gemachter Burger verwenden.

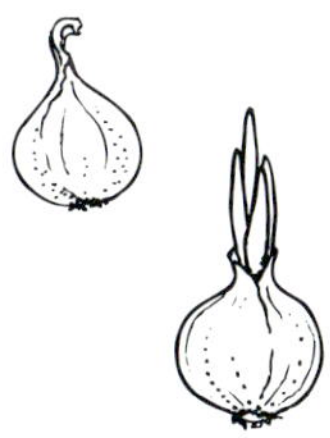

STAUB
STAUB

| KLASSIKER
| FÜR KALTE TAGE
| ZU FLEISCH

Geschmorter Rotkohl

MIT ÄPFELN, ORANGEN UND NÜSSEN

FÜR DEN ROTKOHL

1 großer Rotkohl (800–1000 g), in feinen Streifen

3 rote Zwiebeln (250 g), fein gewürfelt

1 großer Apfel, fein gewürfelt

1 Orange, filetiert, gewürfelt oder in Streifen

1 Msp. Sternanis, gemahlen

1 Msp. Nelken, gemahlen

1 Msp. Piment, gemahlen

1 Msp. Ingwer, fein gerieben

2 EL Honig oder brauner Zucker

2 EL Butter, weich

2 EL Balsamicoessig, dunkel

1–1 ½ TL Salz

Pfeffer

AUSSERDEM

2 Handvoll Kerne, geröstet (Walnusskerne, Paranusskerne, Kürbiskerne, Sonnenblumenkerne)

| 4 PERSONEN |

Der Rotkohl wird im geschlossenen Topf bei mittlerer Hitze im Ofen geschmort. Dafür am besten einen großen Topf mit Deckel, zum Beispiel eine Cocotte oder einen anderen gusseisernen Topf mit Deckel, bereitstellen und leicht fetten. Rotkohlstreifen, Zwiebelwürfel, Apfelwürfel, Orangenstücke, Gewürze, Ingwer, Honig, weiche Butter, Balsamicoessig, Salz und etwas Pfeffer in den Topf geben und alle Zutaten gut vermengen.

Das Gemüse mit Deckel in den kalten Backofen stellen – gusseiserne Töpfe sollten in der Regel langsam erhitzt werden. Bei 150 °C (Umluft) rund 60 Minuten schmoren, zwischendurch 1–2-mal den Rotkohl vermengen. Wer den Rotkohl besonders bissfest mag, testet bereits nach 45 Minuten, ob die gewünschte Textur erreicht ist.

Den Rotkohl mit gerösteten Nüssen und Kernen bestreuen und zu Rouladen, Wild oder auch vegetarisch zu Bohnen-Bratlingen oder Polenta-Talern servieren.

| BROTZEIT
| TOLL ZU KOMBINIEREN
| HERZHAFT-WÜRZIG

Hummus

MIT GEBRATENEN PILZEN

FÜR DEN HUMMUS

450 g Kichererbsen (fertig zubereitet oder aus dem Glas), gewaschen und abgetropft

1 Knoblauchzehe

50 ml Olivenöl

1 gestr. TL Salz

1 Pfeffer

1 TL Honig

Chiliflocken

Saft von ½ Zitrone

geriebene Schale von ½ Bio-Zitrone

½ TL Ingwer, fein gerieben

2 EL Erdnussöl

300 g Champignons, in Scheiben

1 Prise Salz

2 EL Sesamsamen

| 4–6 PERSONEN |

Kichererbsen, Knoblauch, Olivenöl, Salz, etwas Pfeffer, Honig, eine Prise Chiliflocken, Zitronensaft und -abrieb sowie den fein geriebenen Ingwer im Hochleistungsmixer fein pürieren.

Das Erdnussöl in einer großen Pfanne erhitzen und die Champignonscheiben darin ringsherum kurz anbraten. Etwas Salz und die Sesamsamen hinzugeben und die Pilze rund 4–5 Minuten bei kleiner bis mittlerer Hitze weiterbraten. Die Pilze abkühlen lassen und zum Kichererbsen-Mix geben. Alle Zutaten fein mixen und abschmecken. Der Pilz-Hummus passt gut zu frischem Brot, als Dip zu Fleisch oder Gemüse oder auch als Belag für Sandwiches, Burger oder Stullen.

TIPP

Frisches Fladenbrot mit Hummus bestreichen, darauf frisch gebratene Pilze und frische Petersilie verteilen und servieren.

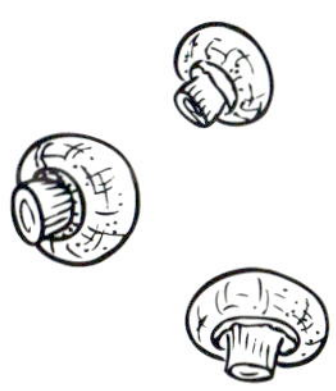

| FÜR GÄSTE
| KLASSIKER IN NEUER FORM
| ZUM WEIN

Zwiebelgalette

MIT GERÄUCHERTEM SCHINKEN UND WALNUSSKERNEN

FÜR DEN ZWIEBELBELAG

1 EL Butter

2–3 Gemüsezwiebeln (ca. 500 g), fein gewürfelt

100 g geräucherter Schinken (z. B. Knochenschinken), fein gewürfelt

FÜR DEN TEIG

250 g Mehl (plus Mehl zum Ausrollen)

1 TL Salz

110 g kalte Butter

50 ml eiskaltes Wasser

FÜR DEN BELAG

200 g Doppelrahmfrischkäse

1 Eigelb

1 Prise Muskat

Salz, Pfeffer

1 Eigelb, verquirlt (für den Teigrand)

AUSSERDEM

1 EL Butter

1 EL Honig

50 g Walnusskerne, grob gehackt

½ Bund Petersilie, fein geschnitten

| 4 PERSONEN |
(1 große Galette)

Im ersten Schritt den Zwiebelbelag vorbereiten. Dazu die Butter in einer tiefen Pfanne erhitzen und die Zwiebelwürfel darin zusammen mit den Schinkenwürfeln bei mittlerer Hitze farblos dünsten. Nach 5 Minuten die Zwiebel-Schinken-Mischung von der Herdplatte nehmen und abkühlen lassen.

Für den Teig das Mehl in eine große Schüssel sieben. Das Salz hinzugeben und gut mit dem Mehl vermengen. Die Butter in kleinen Portionen zerteilen und zum Mehl geben. 50 ml eiskaltes Wasser hinzugießen und innerhalb von 3 Minuten einen glatten Teig kneten. Den Teig zwischen 2 Schichten Klarsichtfolie dünn ausrollen, sodass der dünne, runde Teigfladen etwa ein Backblech ausfüllt. Zum Ausrollen gegebenenfalls noch etwas Mehl verwenden. Den Teigfladen auf ein mit Backpapier belegtes Blech legen.

Den Backofen auf 160 °C (Umluft) vorheizen. Für den Belag nun Frischkäse, Eigelb, Muskatnuss, etwas Salz und Pfeffer in eine große Schüssel geben und vorsichtig mit einer Gabel oder einem Schneebesen vermengen. Aufpassen: Je stärker und schneller die Masse gerührt wird, desto flüssiger wird sie. Daher die Zutaten am besten nur vorsichtig, dabei aber dennoch gründlich vermengen. Die abgekühlte Zwiebel-Schinken-Mischung unter die Frischkäsecreme heben. Den fertigen Zwiebelbelag nun mittig auf dem Teigfladen verteilen, dabei einen 3–4-cm breiten Rand lassen. Dieser wird nun nach innen auf den Belag geklappt und leicht angedrückt, sodass ein geschlossener Teigrand entsteht. Den Teigrand mit einem verquirlten Eigelb bestreichen.

Die Zwiebelgalette im heißen Backofen rund 25–30 Minuten backen. Während der Backzeit je 1 Esslöffel Butter und Honig in einem Topf erhitzen. Die Walnusskerne hinzufügen und unter regelmäßigem Rühren rund 1–2 Minuten in der heißen Butter-Honig-Mischung wälzen, sodass sich ein dünner Butter-Honig-Mantel auf den Kernen bildet. Mit 1 Prise Salz abschmecken. Die Walnusskerne abkühlen lassen. Nach dem Backen die Zwiebelgalette mit Petersilie und Walnusskernen bestreut servieren.

| ALLES IN EINEM TOPF
| SEELENFUTTER
| AROMENREICH

Rotes Herbst-Curry

MIT KÜRBIS, FENCHEL UND PAPRIKA

FÜR DAS GEMÜSE-CURRY

1 EL Rapsöl

1 Gemüsezwiebel, fein gewürfelt

1 Stück Ingwer, ca. 2–3 cm, fein gewürfelt

1 Knoblauchzehe, fein gewürfelt

2 geh. TL rote Currypaste

3 Paprikaschoten, gewürfelt

½ Butternutkürbis (ca. 250 g), geschält und klein gewürfelt

2 Möhren, in dünnen Scheiben

250 g Kichererbsen, gewaschen und abgetropft (fertig zubereitet oder aus dem Glas)

1 Fenchelknolle, in feinen Streifen

2 Stangen Zitronengras, angedrückt, ggf. halbiert

400 ml Kokosmilch

200 ml Gemüsebrühe

1 TL Salz

1 TL Ahornsirup

Salz, Pfeffer

150 g braune Steinchampignons, geputzt und geviertelt

½ Bund Lauchzwiebeln, in feinen Ringen

½ Bund Petersilie, fein geschnitten

4–6 EL geröstete Kürbiskerne

FÜR DIE NUDELN

500 ml Gemüsebrühe

100 g Reisnudeln

| 4 PERSONEN |

Das Öl in einem großen Topf leicht erhitzen. Zwiebelwürfel, Ingwer und Knoblauch darin unter Rühren bei niedriger bis mittlerer Hitze andünsten, Currypaste hinzugeben und mitdünsten. Paprikastücke, Kürbiswürfel, Möhrenscheiben, Kichererbsen (fertig zubereitet oder aus dem Glas), Fenchelstreifen und die Zitronengrasstangen hinzugeben, alle Zutaten gut vermengen und die Kokosmilch zusammen mit der Gemüsebrühe angießen. Das Salz hinzufügen und das Gemüse unter Rühren zum Kochen bringen. Das Curry bei kleiner bis mittlerer Hitze rund 15 Minuten im offenen Topf kochen lassen, dabei immer wieder umrühren.

Für die Nudeln die Gemüsebrühe in einem separaten Topf aufkochen und die Reisnudeln darin 5 Minuten kochen lassen, dann abgießen, mit kaltem Wasser abspülen, sodass sie nicht zusammenkleben und beiseitestellen.

Das Gemüse-Curry mit Ahornsirup, Salz und Pfeffer abschmecken. Die Champignons und die Reisnudeln hinzufügen und weitere 2 Minuten kochen. Die Zitronengrasstangen entfernen und die Lauchzwiebelringe frisch unterheben. Das rote Herbstcurry mit Petersilie und gerösteten Kürbiskernen bestreut servieren.

TIPP

Das Curry lässt sich je nach gewünschtem Geschmack toll variieren: Anstelle von Reisnudeln können zum Beispiel auch Streifen vom gebratenen Hähnchenbrustfilet oder gegrillte Rindersteakstreifen zum Gemüse gegeben werden. Neben Petersilie können auch toll einige Korianderblätter auf das Curry gestreut werden.

| CRUNCHY
| FRUCHTIG
| VEGAN

Rotkohlsalat

MIT BUNTER QUINOA UND ORANGEN

FÜR DIE QUINOA
50 g Quinoa, rot
50 g Quinoa, schwarz
150 g Quinoa, hell
600 ml Gemüsebrühe

FÜR DEN SALAT
500 g Rotkohl (½ kleiner), in feinen Streifen
1 rote Zwiebel, fein gewürfelt
1 Blutorange, filetiert, in feinen Streifen

FÜR DAS DRESSING
Saft von ½ Orange
3 EL Olivenöl
1 EL heller Balsamicoessig
1 TL Senf
1 TL Ahornsirup
Salz, Pfeffer

AUSSERDEM
½ Bund frische Petersilie, fein geschnitten
3–4 EL Walnusskerne, geröstet

| 4 PERSONEN |

Die verschiedenen Quinoa-Sorten in einer Schüssel mischen, waschen und abtropfen lassen. 600 ml Gemüsebrühe zum Kochen bringen, Quinoa hinzufügen und 20 Minuten im offenen Topf bei kleiner Hitze kochen lassen, dabei immer wieder umrühren. Die Quinoa abkühlen lassen.

Den vorbereiteten Rotkohl, die Zwiebelwürfel und die Blutorange in einer großen Salatschüssel vermengen.

Aus Orangensaft, Olivenöl, Balsamicoessig, Senf, Ahornsirup, Salz und Pfeffer ein Dressing mixen. Mit den abgekühlten Quinoa-Körnern und dem Salat vermengen.

Die Petersilie und die gerösteten Kerne unmittelbar vor dem Servieren unter den Salat heben und genießen.

TIPP
Anstelle von Quinoa können auch Hirse, Bulgzur, Couscous oder Hafer verwendet werden. Wer mag, gibt neben Rotkohl noch Weißkohl, Äpfel, Möhren- oder Pastinakenraspeln zum Salat.

| GUT VORZUBEREITEN
| FÜR GÄSTE
| KLASSIKER

Kürbis-Möhren-Suppe

MIT KOKOSMILCH UND KARAMELLISIERTEN KICHERERBSEN

FÜR DIE SUPPE

1 EL Butter

1 Gemüsezwiebel, fein gewürfelt

1 Stückchen Ingwer, ca. 2–3 cm, fein gewürfelt

1 Knoblauchzehe, fein gewürfelt

½ TL Chiliflocken

2 TL Currypulver

1 TL Honig

1 Zitronengrasstange, angedrückt

1 kleiner Hokkaido-Kürbis, entkernt, fein gewürfelt

750 g Bio-Möhren, in Scheiben

500 ml Möhrensaft

500 ml Gemüsebrühe

1 TL Salz

250 ml Kokosmilch

3 EL frisch gepresster Orangensaft, alternativ: 1 EL Apfelbalsam

Salz, Pfeffer

1 TL Ahornsirup oder Honig

FÜR DIE KICHERERBSEN

2 EL Kokosöl, flüssig

1 TL Currypulver

1 EL Honig

1 Msp. Chiliflocken

Salz

400g Kichererbsen, gewaschen und abgetropft

AUSSERDEM

1 Bund Petersilie, fein geschnitten

4–6 EL Kürbiskerne, geröstet

| 4 PERSONEN |

Die Butter in einem großen Topf erhitzen und die Gemüsezwiebelwürfel darin bei kleiner bis mittlerer Hitze glasig dünsten. Ingwerwürfel, Knoblauch, Chiliflocken, Currypulver und Honig zusammen mit der Zitronengrasstange in den Topf geben und mitdünsten. Dabei ständig gut rühren und den Honig leicht karamellisieren lassen.

Kürbiswürfel und Möhrenscheiben in den Topf geben und mit den anderen Zutaten vermengen. Möhrensaft und Gemüsebrühe angießen, Salz hinzufügen und die Suppe zum Kochen bringen. Bei geschlossenem Deckel und kleiner bis mittlerer Hitze rund 25 Minuten kochen lassen, dann testen, ob Möhren und Kürbis bereits weich genug sind. Zitronengras aus dem Topf nehmen.

Kokosmilch zugießen und die Suppe sehr fein und sämig pürieren. Orangensaft oder Apfelbalsam für etwas Säure hinzufügen und die Suppe mit Salz und Pfeffer abschmecken. Je nach gewünschtem Geschmack noch etwas Honig oder Ahornsirup hinzufügen.

Für das Kichererbsentopping das flüssige Öl mit dem Currypulver, dem Honig, den Chiliflocken und etwas Salz in einer Schüssel vermengen. Kichererbsen hinzufügen (fertig zubereitet oder aus dem Glas) und gut vermengen, bis sich die Marinade gut um die Kichererbsen verteilt hat. In einer Pfanne die marinierten Kichererbsen unter Rühren erhitzen, bis sie herzhaft-würzig duften und leicht Farbe angenommen haben und der Honig etwas karamellisiert ist. Dabei ständig rühren. Die heiße Suppe mit gerösteten Kichererbsen, Petersilie und gerösteten Kürbiskernen bestreut servieren.

| KNACKIG
| FRISCH
| LEICHTE KÜCHE

Bunter Wurzelsalat

MIT CRANBERRYS UND STEAKSTREIFEN

FÜR DEN SALAT

500 g bunte Möhren, längs dünn in Streifen gehobelt

200 g Pastinaken, längs dünn in Streifen gehobelt

200 g Petersilienwurzel, längs dünn in Streifen gehobelt

2–3 Topinamburknollen, in dünne Scheiben gehobelt

1 Schalotte, sehr fein gewürfelt

Salz

FÜR DAS DRESSING

3 EL Walnussöl

1 EL Weißweinessig oder Apfelbalsam

Saft von ½ Orange

1 TL Ahornsirup

½ TL Senf

3 EL Cranberrys, getrocknet

FÜR DIE STEAKSTREIFEN

600 g Rinderhüftsteaks (ca. 4 Stück)

Salz, Pfeffer

1–2 EL Butter, flüssig

2 EL Butter zum Braten

AUSSERDEM

Salz, Pfeffer

2 Handvoll Walnusskerne, geröstet und grob gehackt

| 4 PERSONEN |

Den Backofen auf 130 °C (Umluft) vorheizen. Möhren, Pastinaken, Petersilienwurzeln, Topinambur und Schalotten in eine große Salatschüssel geben und das Gemüse leicht salzen.

Aus Walnussöl, Weißweinessig, Orangensaft, Ahornsirup, Senf und Cranberrys ein Dressing mixen, es vorsichtig in das Gemüse einmassieren und den Salat durchziehen lassen.

In der Zwischenzeit das Fleisch leicht salzen und pfeffern und mit der flüssigen Butter ringsherum einstreichen. Auf einem mit Backpapier belegtem Blech platzieren und im warmem Backofen 10–15 Minuten sanft garen, dabei alle 3–5 Minuten das Steak wenden, sodass es gleichmäßig gart. Wenn das Fleisch eher dünn ist, reichen auch 8–10 Minuten aus: Es sollte im Innern eine schöne rosa Farbe haben (medium). Die Steaks in heißer Butter von jeder Seite nur noch 10–20 Sekunden bei starker Hitze braten, direkt aus der Pfanne nehmen und in Streifen schneiden.

Den Salat mit Salz und Pfeffer abschmecken und auf Tellern oder in kleinen Schüsseln anrichten. Mit Steakstreifen und gerösteten Walnusskernen bestreut servieren.

STAUB

WINTER

| KNACKIG-FRISCH
| FARBENPRACHT
| NUSSIG

Winterburger

MIT ROTKOHL-SALAT UND KÖRNER-CRUNCH

FÜR DEN ROTKOHL-APFEL-SALAT

400 g Rotkohl, in feinen Streifen

1 großer Apfel, sehr fein gewürfelt

1 kleine rote Zwiebel, sehr fein gewürfelt

3 EL Walnussöl

1 EL Apfelbalsam

½ TL Senf

¼ TL Honig

Salz, Pfeffer

FÜR DIE PATTIES

500 g Rinderhackfleisch

1 TL Senf

1 Schalotte, fein gewürfelt

Salz, Pfeffer

2 EL Sonnenblumenöl

KÖRNER-CRUNCH

4–6 EL gemischte Nüsse und Kerne (Haselnüsse, Sonnenblumenkerne, Walnüsse)

1 EL Butter

1 TL Honig

AUSSERDEM

4 Burger- oder Lieblingsbrötchen nach Wahl

200 g Frischkäse

4 EL BBQ-Soße
(z. B. von Seite 97)

| 4 PERSONEN |

Der Rotkohl-Apfel-Salat kann gut einige Stunden vor dem Essen oder sogar am Vortag vorbereitet werden, sodass er schön durchziehen kann. Dazu Rotkohlstreifen, Apfel- und Zwiebelwürfel vermengen und aus Walnussöl, Apfelbalsam, Senf, Honig, Salz und Pfeffer eine Marinade rühren. Den Salat mit der Marinade in einer großen Schüssel vermengen und durchziehen lassen.

Aus Rinderhackfleisch, Senf, Schalottenwürfeln, Salz und Pfeffer eine Hackfleischmasse kneten und daraus 4 Patties formen. Sonnenblumenöl in einer Grillpfanne erhitzen und die Patties darin scharf von beiden Seiten anbraten. Dann weitere 5–8 Minuten (je nach Dicke der Bratlinge) bei mittlerer Hitze zur gewünschten Garstufe weiterbraten.

Butter und Honig in einer Pfanne erhitzen, Nüsse und Kerne hinzugeben und in der Butter-Honig-Mischung schwenken. Weitere 3–4 Minuten bei kleiner Hitze in der Pfanne karamellisieren, dabei immer wieder vermengen.

Die Brötchen halbieren, kurz in der Grillpfanne anrösten und beide Hälften mit Frischkäse bestreichen. Auf den unteren Seiten jeweils etwas Rotkohlsalat verteilen und etwas Nuss-Crunch aufstreuen. Das Rinderpattie darauflegen und etwas BBQ-Soße, Salat und einige Nüsse darauf verteilen. Die oberen Brötchenhälften aufsetzen und die Burger direkt servieren.

TIPP

Bleibt Salat übrig, kann er als Beilagensalat auch noch super am nächsten Tag serviert werden. Anstelle von Rinderhackfleisch kann auch Kalbs- oder Lammhackfleisch verwendet werden. Dann jedoch je nach Konsistenz zur Festigung ein Ei mit in die Hackmasse geben. Rindfleisch ist besonders fest, sodass in der Regel auf die Zugabe von Ei oder Semmelbröseln als Bindung verzichtet werden kann.

| RAFFINIERT
| FARBENSPEKTAKEL
| VEGETARISCH

Geröstetes Wintergemüse

MIT ROTEN BELUGALINSEN

FÜR DAS GEMÜSE

4 Rote-Bete-Knollen, in feinen Stiften

5 Möhren, in Scheiben

1 Stange Lauch, in Ringen

3 Topinamburknollen, in Scheiben

1 Petersilienwurzel, in Stiften

1 Pastinake, in Stiften

1 TL Salz

3 EL Olivenöl

FÜR DIE ROTEN LINSEN

400 g Belugalinsen

1 Liter Rote-Bete-Saft

½ TL Salz

Chiliflocken (je nach gewünschtem Schärfegrad)

Pfeffer

FÜR DAS ZIEGENJOGHURT-LINSEN-MUS

200 g Ziegenjoghurt

Salz, Pfeffer

AUSSERDEM

½ Bund Petersilie, fein geschnitten

4 EL Kürbiskerne, geröstet und grob gehackt

| 4 PERSONEN |

Für das Gemüse eine große, ofenfeste Form bereitstellen und fetten. Den Backofen auf 160 °C (Umluft) vorheizen. Rote Bete, Möhren, Lauch, Topinambur, Petersilienwurzeln, Pastinaken, Salz und Olivenöl in der Auflaufform vermengen und im heißen Backofen rund 40 Minuten rösten.

In der Zwischenzeit die Linsen zubereiten. Diese dazu mit dem Rote-Bete-Saft in einen großen Kochtopf geben und aufkochen, Salz und Chili hinzufügen und 25 Minuten bei kleiner bis mittlerer Hitze im geschlossenem Topf kochen lassen, dabei immer wieder umrühren. Abgießen und mit etwas Pfeffer abschmecken. ⅓ der Linsen abnehmen und in eine separate Schüssel geben. Restliche Linsen warm halten.

Die kleine Linsenmenge in einer leistungsstarken Küchenmaschine mit dem Ziegenjoghurt auf höchster Stufe zu einem Mus mixen. Mit Salz und Pfeffer abschmecken.

Das noch leicht bissfest gegarte Gemüse, die roten Belugalinsen und das Rote-Bete-Ziegenkäse-Mus auf Tellern anrichten und mit Petersilie und gerösteten Kernen bestreut servieren.

TIPP

Beim Wintergemüse darf nach Herzenslust variiert werden: Zur Basis aus Rote Bete, Karotten und Lauch können anstelle von Petersilienwurzel, Pastinaken und Topinambur zum Beispiel auch Steckrübenstifte oder Selleriewürfel hinzugegeben werden.

| GESCHENK AUS DER KÜCHE
| FÜR DIE STULLE
| ZU FLEISCH UND KÄSE

Gelbe-Bete-Chutney

MIT CRANBERRYS UND INGWER

FÜR DAS CHUTNEY

2 ½ kg Gelbe Bete, fein gewürfelt

500 g Gemüsezwiebeln, fein gewürfelt

100 g Cranberrys, getrocknet

175 g Muscovado-Zucker (alternativ brauner Zucker)

175 g Zucker

100 ml Balsamicoessig, weiß

250 ml Apfelessig

1 Msp. Chiliflocken

1 Stückchen Ingwer (2 cm), fein gewürfelt

Salz, Pfeffer

| 8 GLÄSER |

Einen sehr großen, hohen Kochtopf bereitstellen. Gelbe-Bete-Würfel, Zwiebelwürfel, Cranberrys, beide Zuckersorten, Balsamicoessig, Apfelessig, Chiliflocken und Ingwer in den Topf geben und alle Zutaten gut miteinander vermengen. Unter Rühren zum Kochen bringen.

Das Gemüse innerhalb von 45–60 Minuten im offenen Topf bei mittlerer Hitze zum Chutney einkochen lassen, dabei immer wieder umrühren, sodass nichts ansetzt. Das Chutney mit Salz und Pfeffer abschmecken und noch kochend heiß in sterile Gläser abfüllen. Die Gläser 5 Minuten mit der Deckelseite nach unten auf die Arbeitsplatte stellen, dann richtig herum hinstellen und das Chutney auskühlen lassen.

Das Chutney lässt sich super verschenken und für selbst gemachte Burger einsetzen. Außerdem schmeckt es toll in der Kombination mit Ziegenkäse als Fingerfood, zu Geflügel, Fleisch oder auch zu Harzer Käse.

TIPP
PARTY-HIT: ZIEGENKÄSE-CROSTINI
Für leckere Crostinis einfach kleine, geröstete Brotscheiben mit Ziegenfrischkäse bestreichen und jeweils 1 Löffel Chutney darauf verstreichen. Mit frischen Kräutern garniert servieren.

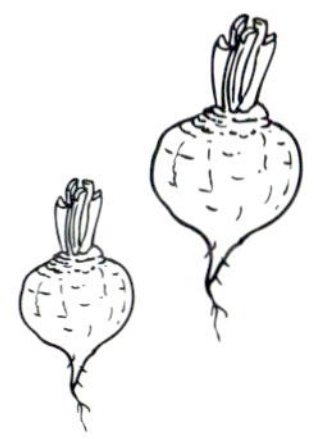

| EXOTISCH
| LEICHT SCHARF
| FRUCHTIG

Rosenkohlgemüse

MIT CURRY UND ZITRUSFRÜCHTEN

FÜR DAS GEMÜSE

500 g Rosenkohl, halbiert

1–2 Zwiebeln, fein gewürfelt

2 Bio-Mandarinen, gepellt, in kleinen Stücken

1 Bio-Orange, filetiert, in kleinen Stücken oder Streifen

1 Stückchen Ingwer, 2 cm, sehr fein gewürfelt

1 TL Currypulver

3 EL Olivenöl

1 TL Ahornsirup

1 TL Salz

Pfeffer

| 4 PERSONEN |

Den Backofen auf 160 °C (Umluft) vorheizen. Eine ofenfeste Form bereitstellen und leicht fetten. Rosenkohl, Zwiebelwürfel, Mandarinen- und Orangenstücke, Ingwer, Currypulver, Olivenöl, Ahornsirup, Salz und etwas Pfeffer darin gut vermengen.

Das Gemüse im heißen Backofen rund 35–40 Minuten rösten, zwischendurch das Gemüse 2–3-mal vermengen, sodass es gleichmäßig gart und an der Oberfläche nicht zu trocken wird.

Das Rosenkohlgemüse zu Hähnchenbrustfilet, zu gedünstetem oder gebratenem Fisch oder auch vegetarisch zu Couscous oder Quinoa servieren.

TIPP

Wer leichte Bitternoten mag, kann die Mandarinenschale auch an den Früchten lassen und mitgaren.

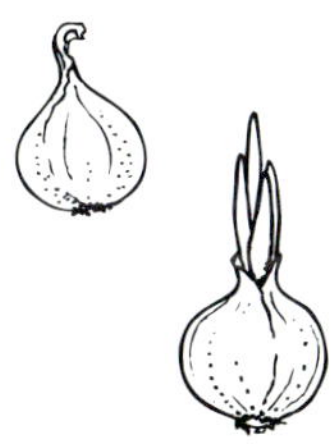

FÜR KALTE TAGE
AUFWÄRMER
SEELENFUTTER

Grünes Winter-Curry

MIT SPINAT UND ERDNÜSSEN

FÜR DAS CURRY

1 EL Rapsöl

1 Gemüsezwiebel, fein gewürfelt

1 Stange Lauch, in feinen Ringen

4 Möhren, in feinen Scheiben

200 g Kichererbsen (fertig vorbereitet, gewaschen und abgetropft)

1 Stückchen Ingwer, 1–2 cm, fein gewürfelt

1 geh. EL grüne Currypaste

250 ml Kokosmilch

250 ml Gemüsebrühe

1 TL Salz

200 g Chinakohl, in feinen Streifen

150 g Spinat

Salz, Pfeffer

1 TL Ahornsirup

½ Bund Petersilie, fein geschnitten

4 EL Erdnusskerne, geröstet und gesalzen

4 PERSONEN

Das Rapsöl in einem großen Kochtopf erhitzen und die Zwiebelwürfel darin glasig dünsten. Lauch, Möhren, Kichererbsen, Ingwer und Currypaste hinzugeben und kurz mitdünsten. Kokosmilch und Gemüsebrühe angießen, Salz hinzufügen und das Curry zum Kochen bringen. Bei mittlerer Hitze im geschlossenen Topf rund 10 Minuten kochen lassen, dabei immer wieder umrühren.

Chinakohl und Spinat zugeben, rund 3–5 Minuten mitkochen. Das Gemüsecurry mit Salz, Pfeffer und Ahornsirup abschmecken und mit Petersilie und Erdnusskernen bestreut servieren.

TIPP

Das Winter-Curry lässt sich sowohl als Eintopf als auch in Kombination mit Reis oder Couscous servieren. Wer mag, gibt neben dem Gemüse gleich zu Anfang noch Hähnchenbruststreifen mit ins Curry und gart sie mit. Je nach Verfügbarkeit gern auch einige Korianderblätter mit in das Curry geben!

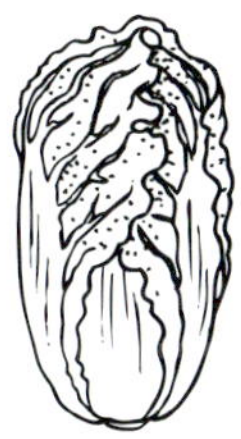

| SÜSS UND BITTER
| RAFFINIERT
| UNBEDINGT ZU KARTOFFELSTAMPF

Chicorée

MIT FRUCHTIGER HONIG-GIN-MARINADE

FÜR DEN MARINIERTEN CHICORÉE

4 Chicorée-Kolben, längs halbiert

3 EL Olivenöl

1–2 EL Weißweinessig oder heller Balsamicoessig

1–2 EL Honig

1 EL Gin

2 Feigen, getrocknet, sehr fein gewürfelt

2 Apfelringe, getrocknet, sehr fein gewürfelt

2 EL Rosinen

2 EL frisch gepresster Orangensaft

Salz, Pfeffer

AUSSERDEM

4 EL Kürbiskerne, geröstet und grob gehackt

2 EL Bund Petersilie, fein geschnitten

| 4 PERSONEN |

Für das Chicorée-Gemüse eine ofenfeste Form bereitstellen und leicht fetten. Die halbierten Chicorée-Kolben mit der Schnittfläche nach oben hineinsetzen. Die Innenflächen des Chicorées ganz leicht salzen.

Den Ofen auf 150 °C (Umluft) vorheizen. Für die Marinade Olivenöl, Weißweinessig, Honig, Gin, Trockenfrüchte und Orangensaft vermengen und mit Salz und Pfeffer abschmecken. Die Trockenfrüchte mindestens 5–10 Minuten in der Marinade ziehen lassen.

Die Chicorée-Kolben gleichmäßig mit der Marinade einstreichen und im heißen Backofen rund 20–25 Minuten noch leicht bissfest garen.

Die gerösteten Kürbiskerne und die frische Petersilie über das heiße Gemüse streuen und den Chicorée mit selbst gemachtem Kartoffelstampf servieren.

TIPP

Zum würzigen Chicorée-Gemüse braucht es eine Beilage, die die leckere Soße aufnimmt und das Gericht auf diese Weise wunderbar abrundet. Hausgemachter Kartoffelstampf schmeckt wunderbar. Wer mag, serviert zusätzlich noch gedünsteten Fisch. So entsteht ein leichtes, winterliches Hauptgericht!

| KLASSIKER
| LÄSST SICH GUT VORBEREITEN
| WÄRMT AUF

Wintergulasch

MIT BUNTEN RÜBEN UND KNOLLEN

FÜR DAS GULASCH

800 g Rindergulasch, fertig vom Metzger in Würfel geschnitten

Salz, Pfeffer

2–3 EL Öl

2 TL geräuchertes Paprikapulver

2 Gemüsezwiebeln, gewürfelt

300 ml trockener Rotwein

1250 ml Fleisch- oder Gemüsebrühe

½ TL Salz

2 Pastinaken (ca. 200 g), in Stiften

2 Petersilienwurzeln (ca. 200 g), in Stiften

3 Topinamburknollen (ca. 150–200 g), in Scheiben

6 Möhren (ca. 750 g), in Scheiben

6 getrocknete Pflaumen, fein geschnitten

Salz, Pfeffer

Petersilienwurzel-Grün, fein geschnitten

| 4 PERSONEN |

Das fertig gewürfelte Gulaschfleisch leicht salzen und pfeffern. Das Öl in einem großen Kochtopf erhitzen und das Fleisch darin scharf von allen Seiten anbraten und regelmäßig wenden.

Sobald das Fleisch von allen Seiten scharf angebraten ist, die Hitze auf mittlere Stufe reduzieren. Das Paprikagewürz und die Gemüsezwiebeln hinzufügen. Alle Zutaten miteinander vermengen und Rotwein und Brühe angießen.

Das Gulasch zum Kochen bringen und das Salz hinzufügen. Im geschlossenen Topf bei kleiner Hitze eine Stunde kochen lassen, dabei immer wieder umrühren.

Nach einer Stunde das vorbereitete Gemüse und die Trockenpflaumen hinzufügen und das Gulasch im offenen Topf 30 weitere Minuten einkochen lassen, dabei immer wieder umrühren.

Das Gulasch mit Salz und Pfeffer abschmecken und mit dem Grün der Petersilienwurzel bestreut zu Nudeln, Kartoffeln oder Klößen servieren.

TIPP

Anstelle von Pastinaken und Petersilienwurzeln können auch Steckrüben- und Selleriewürfel verwendet werden. Wer es gern etwas schärfer mag, gibt neben dem Paprikapulver auch einige Chiliflocken mit in den Topf.

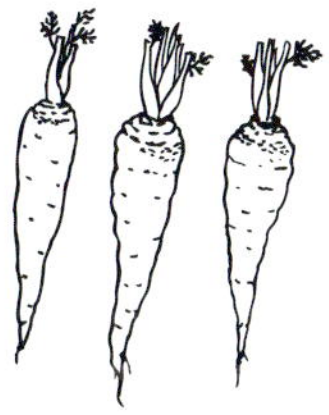

| KNACKIG
| FRISCH
| FRUCHTIG

Bunter Wintersalat

MIT GRÜNKOHL, SPINAT UND FRUCHTIGER APFELVINAIGRETTE

FÜR DEN SALAT

75 g feine Grünkohlblätter

150 g Baby-Spinat

1 roter Apfel, fein gewürfelt

3 bunte Möhren, in feinen Scheiben oder längs gehobelt

1 kleine Zwiebel, rot (ca. 50 g), sehr fein gewürfelt

2–3 EL Rote-Bete-Sprossen oder Radieschen-Sprossen

je 2–3 EL geröstete Kürbiskerne (plus weitere zum Anrichten)

FÜR DAS DRESSING

4 EL Olivenöl

4 EL Apfelbalsam

1 geh. TL Senf, mittelscharf

1 EL Apfelgelee (alternativ anderes helles Fruchtgelee, z. B. Quitte)

Saft von 1 Orange

Salz, Pfeffer

| 4 PERSONEN |

Die Grünkohlblätter putzen, waschen und trocken schleudern. Dicke Blattrippen ggf. entfernen. Spinat ebenfalls gut putzen, waschen und vorsichtig trocken tupfen, sodass die feinen Blätter möglichst ganz bleiben. Den Grünkohl in mundgerechte Stücke zupfen und zusammen mit dem Baby-Spinat in eine große Salatschüssel geben. Apfelwürfel, Möhrenscheiben, Zwiebelwürfel, Sprossen und geröstete Kürbiskerne hinzugeben und alle Zutaten gut miteinander vermengen.

Aus Olivenöl, Apfelbalsam, Senf, Apfelgelee, frisch gepresstem Orangensaft sowie etwas Salz und Pfeffer ein homogenes Dressing mixen. Das Dressing unter den Salat heben und diesen mit gerösteten Kürbiskernen bestreut servieren.

TIPP

Apfelgelee lässt sich im Herbst prima aus Äpfeln aus dem eigenen Garten herstellen. Dazu die Äpfel zunächst entsaften und anschließend zu einem Gelee einkochen. Der süße Aufstrich schmeckt zu Quark, auf dem Brot oder eben auch als fruchtige Komponente im Salat.

Rote-Bete-Pasta

MIT ZIEGENKÄSE UND GERÖSTETEN NÜSSEN UND KERNEN

FÜR DIE ROTE-BETE-PASTA

4–6 große Rote-Bete-Knollen

1–2 EL Butter

2 Zwiebeln, sehr fein gewürfelt

1 Knoblauchzehe, sehr fein würfelt

1 Msp. Chiliflocken

Salz, Pfeffer

50 g gemischte Nüsse und Kerne, geröstet und gehackt (Haselnusskerne, Walnusskerne, Sonnenblumenkerne etc.)

75 g Ziegenkäse im Stück, frisch gerieben

½ Bund Petersilie, fein geschnitten

| 4 PERSONEN |

Die Rote-Bete-Knollen dünn schälen, dafür am besten Küchenhandschuhe tragen, um rot gefärbte Hände zu vermeiden! Die Knollen einzeln im Spiralschneider zu dünnen Spaghetti verarbeiten. Diese Gemüse-Spaghetti mit einem Messer stellenweise 1–2-mal durchschneiden – so isst es sich später leichter!

Die Butter in einem großen Kochtopf erhitzen und die Zwiebel- und Knoblauchwürfel darin bei mittlerer Hitze glasig dünsten. Chiliflocken und Rote-Bete-Nudeln hinzugeben, alle Zutaten vermengen und 5 Minuten im geschlossenen Topf dünsten. Die Nudeln sollten eine noch leicht bissfeste Konsistenz haben. Die Rote-Bete-Pasta mit Salz und Pfeffer abschmecken.

Kurz vor dem Servieren die gerösteten und gehackten Kerne sowie auch den frisch geriebenen Ziegenkäse unter die Nudeln heben und die Rote-Bete-Pasta sofort auf Tellern anrichten und mit der Petersilie bestreut servieren.

TIPP

Für dieses Rezept ist ein Spiralschneider von Vorteil. Feste Gemüsesorten lassen sich darin im Nu zu kohlenhydratarmen Gemüse-Spaghetti verarbeiten. Funktioniert zum Beispiel auch mit Kohlrabi (siehe Kohlrabisalat, S. 45), Zucchini oder Möhren.

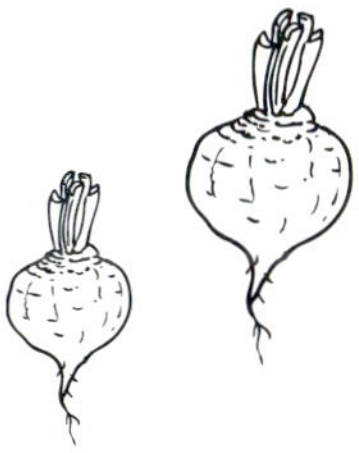

| BROTZEIT
| WÜRZIG
| RAFFINIERT

Herzhaftes Brot

AUS PETERSILIENWURZELN

FÜR DAS PETERSILIEN-WURZEL-MUS

400 g Petersilienwurzeln, gewürfelt und vorbereitet gewogen

1 Prise Salz

FÜR DEN TEIG

850 g Weizenmehl (Type 505)

2 TL Salz

1 Würfel Hefe

250 ml lauwarme Mandelmilch (ohne Zuckerzusatz)

1 Prise Zucker

75 g Sesamsamen, geröstet

| EIN BROT |
(Kastenform)

Einen Teil der Flüssigkeit in diesem Brot liefern (ähnlich wie bei einem Kartoffelbrot) die gedünsteten Petersilienwurzeln, die im ersten Schritt zubereitet werden: Einfach mit 50–100 ml Wasser und etwas Salz in einen Kochtopf geben, aufkochen und im geschlossenen Topf 20 Minuten bei kleiner bis mittlerer Hitze kochen lassen. Flüssigkeit abgießen und die Petersilienwurzeln fein pürieren und abkühlen lassen.

Das Mehl in eine große Schüssel sieben und 2 TL Salz hinzufügen, kurz vermengen. Hefe in lauwarme Mandelmilch bröckeln, Zucker zugeben und unter Rühren darin auflösen. Mehl und Hefe-Gemisch mit der Küchenmaschine vermengen. Petersilienwurzelpüree und geröstete Sesamsamen hinzufügen und zu einem glatten Teig kneten.

Den Teig abgedeckt an einem warmen Ort mindestens 60 Minuten gehen lassen, anschließend gut durchkneten und in eine gefettete und mit Backpapier ausgelegte Kastenform füllen. Den Ofen rechtzeitig auf 200 °C (Umluft) vorheizen und eine Tasse mit Wasser auf dem Boden des Ofens platzieren. Den Teig oben an der Oberfläche leicht einschneiden und weitere 30 Minuten an einem warmen Ort abgedeckt gehen lassen.

Das Brot im heißen Ofen rund 10 Minuten backen. Dann die Hitze auf 175 °C (Umluft) reduzieren und das Brot weitere 35 Minuten knusprig backen und auf einem Rost auskühlen lassen. Mit Butter und Käse servieren und genießen!

| AUFWÄRMER
| FÜR KALTE TAGE
| WÜRZIG

Weiße Wintersuppe

MIT MANDELMILCH UND MANDELCRUNCH

FÜR DIE SUPPE
1 EL Butter
1 Zwiebel, fein gewürfelt
1 Knoblauchzehe, fein gewürfelt
½ TL Fenchelsamen, im Mörser zerstoßen
200 g Pastinaken, geschält, in Scheiben
200 g Petersilienwurzeln, geschält, in Scheiben
200 g Topinamburknollen, geschält und gewürfelt
600 ml Gemüsebrühe
1 TL Salz
1 Dose Cannellinibohnen (250 g), abgetropft, Bohnen gewaschen
150 ml Mandelmilch
Chiliflocken nach Geschmack
½ TL Ahornsirup
Salz
Pfeffer
4 EL Mandelkerne, grob gehackt
Petersilienwurzel-Grün zum Anrichten, fein geschnitten

| 3–4 PERSONEN |

Die Butter in einem Topf erhitzen und die Zwiebel- und Knoblauchwürfel sowie die zerstoßenen Fenchelsamen darin andünsten. Pastinaken, Petersilienwurzeln und Topinambur hinzugeben, kurz mitdünsten und Gemüsebrühe angießen. Salz hinzugeben und das Gemüse bei geschlossenem Deckel rund 15 Minuten bei mittlerer Hitze kochen lassen.

Die Cannellinibohnen nach 15 Minuten zum Gemüse geben und 2 Minuten mitkochen. Mandelmilch, Chiliflocken nach Geschmack sowie etwas Ahornsirup zugeben und die Suppe fein pürieren. Mit Salz und Pfeffer abschmecken und mit gehackten Mandelkernen und etwas Petersiliengrün bestreut servieren.

TIPP
Wer die Suppe noch cremiger haben möchte, kann neben den Wintergemüsesorten einige kleine Kartoffelwürfel mitkochen und anschließend mitpürieren. Außerdem lecker: Die Suppe kurz vor dem Servieren mit etwas Schmand verfeinern.

| WARM UND KALT
| MIT KRÄUTERQUARK
| ZUM MITNEHMEN

Couscoussalat

MIT GEBACKENEN SCHWARZWURZELN UND ORANGEN

FÜR DEN COUSCOUS

250 g Couscous
½ TL Currypulver
¼ TL Ingwer, gerieben
½ TL Salz
1 TL Honig
Chiliflocken nach Geschmack
500 ml Gemüsebrühe

FÜR DAS SCHWARZWURZEL-GEMÜSE

1 kg Schwarzwurzeln
2 Stangen Lauch, in feinen Ringen
1 Zwiebel, fein gewürfelt
2 Orangen, filetiert, gewürfelt inkl. Saft
3–4 EL Olivenöl
1 EL Honig
2 EL Weißweinessig
Chiliflocken nach Geschmack
½ TL Salz

AUSSERDEM

Salz, Pfeffer
4 EL Kürbiskerne, geröstet
½ Bund Petersilie, fein geschnitten

| 3–4 PERSONEN |

Couscous, Currypulver, Ingwer, Salz, Honig und Chiliflocken nach gewünschtem Schärfegrad in einen Topf geben, 500 ml Gemüsebrühe angießen und den Couscous einmal aufkochen. Anschließend 10 Minuten quellen lassen und zwischendurch mit einer Gabel oder einem Löffel auflockern.

Für die Verarbeitung von frischen Schwarzwurzeln am besten Küchenhandschuhe anziehen, da der sogenannte „Winterspargel" eine Art Milch enthält, die beim Schneiden austritt und die Hände färbt. Eine große Schüssel mit Wasser und 2 EL Essig auf die Arbeitsplatte stellen. Schwarzwurzeln mit dem Sparschäler schälen und direkt in das Essigwasser legen, damit sich die Wurzeln nicht verfärben.

Den Backofen auf 150 °C (Umluft) vorheizen. Schwarzwurzeln in gleichmäßig große Scheiben schneiden und in eine gefettete Auflaufform geben. Lauch, Zwiebeln, Orangen, Olivenöl, Honig, Essig und Chiliflocken zufügen und alle Zutaten miteinander vermengen. Das Gemüse salzen und im heißen Backofen rund 35 Minuten rösten, zwischendurch 1–2-mal umrühren. Die Schwarzwurzeln sollten noch eine bissfeste Konsistenz haben.

Nun wahlweise das heiße Gemüse direkt mit dem Couscous vermengen, mit Salz und Pfeffer abschmecken und warm mit Petersilie und Kürbiskernen bestreut servieren oder das Gemüse samt Flüssigkeit erst abkühlen lassen und später mit dem Couscous vermengen. Der Salat schmeckt warm und kalt und lässt sich toll mit Kräuterquark kombinieren.

I RAFFINIERT
I RAUCHIG
I SCHNELL GEMACHT

Rosenkohl-Pasta

MIT GETROCKNETEN SAUERKIRSCHEN UND RAUCHMANDELN

FÜR DAS GEMÜSE

750 g Rosenkohl, fertig vorbereitet, je nach Größe ggf. halbieren

1 Stange Lauch, in feinen Ringen

1 Zwiebel, fein gewürfelt

50 g getrocknete Sauerkirschen

½ TL Salz

3 EL Olivenöl

1 TL Honig

Pfeffer

AUSSERDEM

400 g Fusilli (oder andere kurze Nudeln)

Gemüsebrühe oder Salzwasser

frisch geriebener Bergkäse oder Parmesan

4 EL Rauchmandeln, grob gehackt

I 4 PERSONEN I

Den Backofen auf 160 °C (Umluft) vorheizen. Rosenkohl, Lauch, Zwiebeln, Sauerkirschen, Salz, Olivenöl und Honig in eine gefettete Auflaufform geben und gut vermengen. Leicht pfeffern. Das Gemüse im Ofen rund 30 Minuten garen, dabei die Zutaten 1–2-mal vermengen.

In der Zwischenzeit die Fusilli in Gemüsebrühe oder Salzwasser garen und abgießen. Durch das Garen in Brühe werden die Nudeln besonders aromatisch. Noch heiß mit dem Rosenkohl-Gemüse und dem Sud vermengen. Die Rosenkohl-Pasta auf Tellern anrichten und mit geriebenem Käse und gehackten Rauchmandeln bestreut servieren.

| ZU PASTA
| AUF DIE STULLE
| FARBKLECKS

Rote-Bete-Pesto

MIT GERÖSTETEN WALNUSSKERNEN

FÜR DAS PESTO

3 EL Olivenöl

1 rote Zwiebel, fein gewürfelt

1 Knoblauchzehe, fein gewürfelt

1 Msp. Chiliflocken

500 g Rote Bete, geschält, vorbereitet gewogen

1 TL Salz

Gemüsebrühe oder Rote-Bete-Saft zum Auffüllen

100 g Walnusskerne, geröstet, grob gehackt

Salz, Pfeffer

| 600 G PESTO |
(ca. 2–3 Gläser)

Das Olivenöl in einem großen Kochtopf erhitzen. Die Zwiebel- und Knoblauchwürfel darin zusammen mit den Chiliflocken bei mittlerer Hitze glasig dünsten. Rote Bete fein würfeln und ebenfalls in den Topf geben. Alle Zutaten gut vermengen, einen Teelöffel Salz hinzufügen und das Gemüse im geschlossenen Topf bei kleiner bis mittlerer Hitze rund 45 Minuten im eigenen Saft dünsten. Sollte zu wenig Flüssigkeit im Topf sein, einfach etwas Gemüsebrühe oder noch besser: Rote-Bete-Saft angießen.

Das fertig gegarte Gemüse fein pürieren und abkühlen lassen. Geröstete Walnusskerne hinzugeben und kurz mitpürieren. Das vollständig abgekühlte Pesto mit Salz und Pfeffer abschmecken und als Soße zu Pasta, als Belag für die Frühstücks- oder Abendbrotstulle oder zu Ziegenkäse servieren.

TIPP

Das Pesto lässt sich toll in kleine Gläser füllen und verschenken. Es sollte allerdings innerhalb einer Woche verbraucht und unbedingt im Kühlschrank aufbewahrt werden!

| RAFFINIERT
| FÜR GÄSTE
| SATTMACHER

Hausgemachte Gnocchi

AUS KARTOFFELN UND GRÜNKOHL

FÜR DIE GNOCCHI

1 kg mehligkochende Kartoffeln
200 g Mehl
2 Eigelb
2 TL Salz
Pfeffer
1 Msp. Muskatnuss, gerieben
2 EL Butter
150 g Grünkohl, fein geschnitten
Salz
Pfeffer
Chiliflocken
3–4 EL Butter zum Braten

| 4 PERSONEN |

Die Kartoffeln mit ihrer Schale in Salzwasser je nach Größe 20–25 Minuten garen und gut ausdampfen lassen, sodass nahezu keine Flüssigkeit mehr in den Kartoffeln und im Topf ist. Die Kartoffeln leicht abkühlen lassen, sodass sie sich besser pellen lassen. Dann durch die Presse drücken und mit Mehl, Eigelb, Salz, Pfeffer und etwas Muskatnuss locker vermengen.

Butter in einer großen Bratpfanne erhitzen und den Grünkohl darin kurz ringsherum anschwitzen. Mit Salz, Pfeffer und nach Wunsch mit einigen Chiliflocken abschmecken. Grünkohl im Mixer fein pürieren und zusammen mit der Kartoffelmasse zu einem glatten Teig kneten. Vorsicht: Nicht zu stark kneten, sonst wird der Teig zu flüssig. Lieber nur mithilfe der Gabel und anschließend mit den Händen kneten.

Die Hände mit Mehl bestäuben und aus dem Teig kleine Gnocchi-Klöße formen. Das typische Muster mithilfe des Rückens einer Gabel in die Gnocchi drücken. Die Gnocchi in kleinen Portionen in kochendem Salzwasser gar ziehen lassen. Dies dauert meist 2–3 Minuten. Sobald die Gnocchi an der Wasseroberfläche schwimmen, sollten sie aus dem Wasser genommen werden. In etwas Butter in der Pfanne ringsherum kurz braten und servieren.

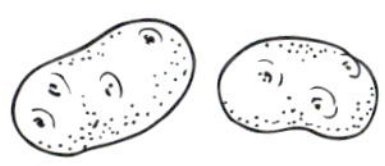

REGISTER

H

K

L

M

P

Q

R

DANKSAGUNG

Von der Idee bis zum fertigen Buch – eine spannende, aufregende und schöne Zeit, in der auch viele liebe Freunde, Unterstützer, Partner und Helfer ihren Teil zum Gelingen beigetragen haben. Dafür möchte ich mich an dieser Stelle ganz herzlich bedanken!

Ein großes Dankeschön an das gesamte Team des Verlags Edition Michael Fischer für das Vertrauen, diese Buchidee gemeinsam umzusetzen. Ein besonderer Dank gilt dabei meiner Lektorin Juliane Rottach für ihre Begeisterung für unser Projekt sowie die unkomplizierte und partnerschaftliche Umsetzung – das hat großen Spaß gemacht!

Zahlreiche bunte und farbenfrohe Erntefotos von Kräutern, Gemüse und Früchten durfte ich in den verschiedenen Jahreszeiten im prächtigen Küchengarten von Schloss Ippenburg in Bad Essen machen. Herzlichen Dank dafür an Viktoria Freifrau von dem Bussche für diese Möglichkeit und an Thomas Bühner für die Vermittlung!

Spannende Fakten rund um heimisches Gemüse, gesunde Ernährung sowie Tipps und Tricks für die Küche im Grundlagenteil habe ich meinen Interviewpartnern zu verdanken! Herzlichen Dank für diese informativen, lehrreichen und spannenden Inhalte – eine tolle Bereicherung für dieses Buch! Ein weiteres großes Dankeschön für viele kulinarische Tipps und Hintergrundinformationen geht an Sascha Lissowsky!

Teller- und Besteckvielfalt auf den Bildern habe ich dem Fundus von Familie und Freunden, dem heimischen Wohnzimmerschrank, aber auch der Unterstützung von Partnern zu verdanken. Herzlichen Dank an den Osnabrücker Keramikkünstler Volker-Johannes Trieb, dass ich ausgewählte Werkstücke zum Anrichten der Speisen nutzen durfte. Weiterer Dank geht an die Firmen Villeroy & Boch, Kahla, Keramik 3punktf und Just Spices für die Unterstützung durch Requisiten.

Und was wären all die Rezepte und Ideen, wenn sie vor dem Erscheinen in diesem Buch nicht mehrfach getestet, verkostet und bewertet worden wären? Ein dickes Dankeschön an meinen Liebsten, meine Familie und meine Freunde, die mir stets mit ihrer ehrlichen Meinung, Nachschlag-Wünschen, Tipps, Anregungen und Vorschlägen zur Seite stehen. Ihr seid großartig!

ÜBER DIE AUTORIN

Stefanie Hiekmann ist Journalistin und Buchautorin und schreibt auf ihrem Foodblog „schmecktwohl.de" über Kulinarik, Gastronomie und Genuss. Dazu gibt es saisonale Rezeptideen und anspruchsvolle Food-Fotografien, die zum Kochen anregen und hungrig machen!

IMPRESSUM

Bibliografische Information der Deutschen Bibliothek.

Die Deutsche Bibliothek verzeichnet diese Publikation in der deutschen Nationalbi bliografie.

Detaillierte bibliografische Daten sind im Internet über http://www.d-nb.de/ abrufbar.

EIN BUCH DER EDITION MICHAEL FISCHER

1. Auflage 2016

Covergestaltung: Verena Raith
Redaktion und Lektorat: Juliane Rottach
Layout: zeichenpool Design und Kommunikation, Verena Raith
Fotos Seite 23–25: Michael Holz / La Vie
Texte und Rezeptentwicklung: Stefanie Hiekmann
Foodstyling und Fotografie: Stefanie Hiekmann
Autorenfoto: Tabea Van Feldhusen / Van Feldhusen Fotografie

ISBN 978-3-86355-589-4

Printed in Slovakia

www.emf-verlag.de